sual
pport

Individualization

Independence

Autism
spectrum
disorder

Structured
teaching

tructure

TEACCH

结构化教学的应用

于丹 著

chedule

Sweden

华夏出版社
HUAXIA PUBLISHING HOUSE

图书在版编目（CIP）数据

结构化教学的应用 / 于丹著. --北京：华夏出版社有限公司，2021.1
（2023.8 重印）

　　ISBN 978-7-5222-0005-7

　　Ⅰ.①结… Ⅱ.①于… Ⅲ.①孤独症－儿童教育－特殊教育－研究－瑞典 Ⅳ.①G769.532

　　中国版本图书馆 CIP 数据核字（2020）第 174648 号

结构化教学的应用

作　　者	于　丹	
责任编辑	刘　娲　李傲男	
出版发行	华夏出版社有限公司	
经　　销	新华书店	
印　　装	三河市万龙印装有限公司	
版　　次	2021 年 1 月北京第 1 版	
	2023 年 8 月北京第 2 次印刷	
开　　本	720×1030　1/16 开	
印　　张	12.5	
字　　数	170 千字	
定　　价	69.00 元	

华夏出版社有限公司　　地址：北京市东直门外香河园北里 4 号　　邮编：100028

网址：www.hxph.com.cn　　电话：（010）64663331（转）

若发现本版图书有印装质量问题，请与我社营销中心联系调换。

目　录

方　序

几年前，我在网络上与于丹老师相识。于丹老师长居瑞典，接受过系统的特殊教育工作训练与培训，一直从事孤独症儿童、青少年的一线教育工作，在中重度以上孤独症谱系障碍儿童教育和随班就读方面积累了丰富的经验，尤其擅长结构化教学、结构化学习材料的设计与制作、视觉支持和社交故事。我们曾邀请于丹老师为以琳星家园写过多篇文章，这些文章给老师和家长们带来了许多的帮助。

当我们决定为自己的孩子或学生选择一种干预手段或方法的时候，应该从两方面考虑这种干预手段或方法是否适合自己的孩子或学生：一是孩子或学生的具体情况；二是这种干预手段或方法能给他或她提供哪些帮助。

结构化教学起源于二十世纪六七十年代的美国，是孤独症和相关沟通障碍儿童治疗与教育方案（Treatment and Education of Autistic and related Communication handicapped Children, TEACCH）的重要组成部分。早年由于国内资讯不够发达，很多人误以为"结构化教学"就是"TEACCH"，实际上，结构化教学只是 TEACCH 的教学方法，而非 TEACCH 的全部。于丹老师根据自己多年的一线工作经验，在《结构化教学的应用》一书中，从理论到实践，真实、系统、完整地介绍了结构化教学在瑞典孤独症训练学校的具体应用。这些内容不仅适用于学校和机构的教育、教学，也适用于家庭的干预训练。

很多老师和家长曾经接触和学习的结构化教学是相对独立的理论，而于丹老师的这本书，则是把结构化教学如何完整地应用到孤独症谱系障碍儿童的干预中介绍得淋漓尽致。当你读完这本书，真的会刷新对结构化教学的认知，深深地认识到结构化教学对孤独症谱系障碍儿童，尤其是对中重度以上孤独症谱系障碍儿童来说是最合适的教学策略之一。

这是人手必备的宝典，强烈推荐！

以琳康教展能中心（青岛、宁海）创始人

青岛市自闭症研究会名誉理事长

青岛市以琳康教展能中心主任

以琳自闭症论坛总版主

2019 年 11 月于青岛

前　言

　　结构化教学最早起源于美国北卡罗来纳大学，是 TEACCH 的重要组成部分，它既可以作为一个单独的干预方法，又可以和 TEACCH 的其他训练项目配合使用。目前，结构化教学在世界各地得到了广泛的开展。在其对外推广和传播的过程中，除保留了基本的理论、理念和干预策略，也不断地和当地的孤独症教育状况、学校以及学生的具体情况相结合，形成别具一格的地方特色。

　　2014 年，我在瑞典一所专门招收中重度以上（含中度、重度和极重度）孤独症谱系障碍儿童的训练学校工作。当我听说国内缺乏系统的结构化教学资讯，尤其是实操方面的资讯时，就决定以我工作的 S 学校为背景，把结构化教学在瑞典孤独症训练学校的实操情况，介绍给国内的同行和孤独症谱系障碍儿童的家长。在此之前，我已经在瑞典从事了七年的孤独症教育工作，有在不同类型的孤独症学校工作、为不同功能的孤独症谱系障碍儿童提供结构化教学的经验。

　　《结构化教学的应用》通过大量的图片、视频、视觉活动表和案例，较为全面、详细地介绍了结构化教学在瑞典孤独症训练学校的应用。由于结构化教学非常适合结构化构建能力和语言沟通能力缺乏的中重度以上孤独症谱系障碍儿童，故本书以中重度以上孤独症谱系障碍儿童的教学为写作重点。当然，"结构化教学在发展个体日常生活中各方面的能力和技能、创造一个易于理解的学习环境，以及减轻个体的压力等方面也有着积极作用（Mesibov, 2005 ）"，因此，其干预内容和方法可以使大多数孤独症谱系障碍人士受益。

除了介绍结构化教学的具体应用，本书还简单介绍了孤独症理论知识与瑞典孤独症教育的现状，目的是为读者阅读本书提供背景知识。此外，关注"华夏特教"微信公众号，还可以获取有关瑞典《训练学校教学大纲》的详细介绍。为了配合结构化教学的实施，书中也介绍了我和我的同事在实际工作中总结的一些教学方法和建议。这些方法和建议连同结构化教学要素的实施都要基于孤独症谱系障碍儿童的个体情况和需要。如果结构化教学运用不当，也会有被滥用的风险。

"小贴士"部分是对书中出现的一些有关结构化教学的概念或术语进行的较为详细的解释。由于国内对结构化教学相关的术语并未统一，本书提供了术语表对书中出现的相关术语进行解释，供读者参考。

书中所有的案例都是真实的。出于对学生的保护，我对学生的姓名、年龄和性别等进行了适当的处理。除了可在家实施的视觉活动表之外，书中所有的视觉活动表都是我的学生曾经或者现在仍在使用的。读者可以根据学生或孩子的具体情况和需要参考制作。为了使读者更加方便、快捷地获取视觉活动表，我制作了一些空白模板；同时，为了便于读者理解，我把书中一些重要的活动流程拍成了视频。这些内容都可以通过关注"华夏特教"微信公众号获取。除了特别注明的作者外，本书的照片、视频和图片都是我自己拍摄和制作的。

在瑞典林奈大学（Linnéuniversitetet）攻读孤独症专业让我有了很好的理论基础，但叙述清楚过程、制作大量的视觉活动表、拍照以及图片的后期制作等仍然花费了我很多时间和精力。书稿前后几次修改，且由于还有教学任务在身，没想到经历了几年的时间。在这本书即将付印之前我常常想，如果知道完成一本书需要花费如此多的时间和精力，自己是否还会在无人要求的情况下承担这个责任。

写作是一个痛苦的过程，不断地修改图片、拍摄和制作活动表，以及润色文字，让我不堪烦扰，但当我找到了一个衔接段落的好办法，甚至想到一个确切的词时，写作带给我的快乐让我无以言表。五年的写作生涯也让我的理论知识和实际工作能力有了长足的进步。我常常会就书中的某些问题向我的同事请教，也有意地阅读和收集了一些与结构化教学有关的书籍和学习材料，参加了一些相关的课程和讲座。

我很庆幸，这本书没有很快得以完成并出版。在最后一次修改中，我发现了无数的"小错误"。这些"小错误"让我觉得写书真的需要时间的沉淀和知识的积累。我希望本书能成为一本工具书，但书中也不可避免地夹杂着我个人的理解、处理办法和领悟。我真心地期待大家的批评和指正，也希望本书能引发读者的思考和讨论，并给读者带来启发。

我在工作之余还开设了一个微信公众号：孤独症助手（ID: yudan_sweden），会不定期地发布一些我的教学感想，以及和读者共同设计的教学案例。如果对本书有任何问题或建议，欢迎在公众号上留言。

因为涉及版权的问题，本书稿在写作初期使用了张婧苒根据我的要求设计和绘制的图片。鉴于绘制的图片数量较少，不足以支撑书中提到的教学，最后决定使用由 Tobii Dynavox 公司研发、全球范围内使用最广泛的图片软件 Boardmaker 处理书中的图片。感谢瑞典 Tobii Dynavox 公司（中国）同意我无偿使用 Boardmaker 软件，希望 Boardmaker 使越来越多需要帮助的人受益；感谢 Tobii Dynavox 公司（中国）的王大强先生和姚华先生提供的技术支持。

感谢我的同事亚历山大·安德森（Alexander Andersson）同意我在本书中使用交通信号灯和其他教学材料，作为工作中的导师，他总是能给我专业性的建议和启发；感谢华夏出版社编辑刘娟和李傲男的专业和耐心，使这本书不断完善；感谢我的工作伙伴张婧苒，承担了图片的绘制和一些文字的修改工作，尽管图片最终没有被采用，但她在书稿写作之初提供的帮助功不可没；感谢旅美华人冯斌同意我摘抄他的文章；感谢浩淳提供的图片。没有以上诸位的鼎力相助，我不可能完成本书的创作。

特别感谢青岛以琳康教展能中心主任、以琳自闭症论坛创办人方静老师在百忙之中为本书撰写推荐序。作为目前国内规模最大的孤独症儿童和家长康复训练教育和研究机构，以琳已为近万名孤独症儿童和家长提供了专业的教育和培训。

　　在这里，我也要感谢我的家人、朋友，没有他们的鼓励和支持，我没有勇气，也不可能完成本书的创作。感谢我的同学姚文兵、何明一直无私地支持我，没有他们的鼓励和推动，我的想法将永远只是一个想法。

　　最后，我真诚地希望本书能给那些从事孤独症工作的专业人士、孤独症谱系障碍儿童家长，以及全社会所有关心孤独症事业的人士启发和帮助，并通过你们，帮助我们的孩子。

　　谢谢大家！

于丹

2020 年 7 月

导　读

为了尽可能全面和详细地展现结构化教学在瑞典孤独症训练学校的应用，本书从结构化教学要素的角度横向叙述，这可能会使一些从来没有接触过结构化教学的老师或家长产生困惑，出现想要实施结构化教学，但又不知道具体的实施流程的问题。下面就按照结构化教学的实施流程介绍一下如何参考本书内容指导高度结构化教学的实施。不需要实施高度结构化教学的学校、机构或家庭，也可以根据儿童的具体情况使用结构化教学的某些要素。

了解结构化教学

希望您边通读全书，边思考下面三个问题，从而形成对结构化教学的整体认知。

- 什么是结构化教学？
- 结构化教学能给我的学生或孩子提供哪些帮助？
- 结构化教学的实施对学校、机构或家庭意味着什么？

确定教学组织形式

教学组织形式会影响学校功能区域的划分、布局和教室的布置等，因此，我们最好在布置结构化的物理环境和购买硬件设施前确定教学的组织形式。

教学组织形式可以采取班级、小组或一对一形式。不同的教学组织形式对结构化的物理环境和人员的配备等有不同的需求。例如，本书介绍的孤独症训练学校通常采取一名特殊教育老师和 2~3 名学生助理组成的小组负责 3~4 名学生的做法。根据结构化教学的要求，需要在 1~3 间教室内为组内 3~4 名学生布置一个起作用的教学和活动场所。

布置一个易于儿童理解的教学和生活环境

参考第四章、第十一章有关环境和视觉支持的介绍，并综合学校的具体情况、学生的数量和教学组织形式等对学校进行功能区域的划分和硬件设施的采购。如果要在一个大房间内布置多个功能区，可以利用屏风、布帘等分隔功能区域，也可以利用沙发、地毯等视觉提示强化该区域的功能。必要的话也可以对功能区域、学生物品的放置地点和用餐地点等进行视觉标注。

确定教学和活动内容，制作教学材料

参考第九章中活动（教学）内容设置原则和瑞典《训练学校教学大纲》的相关内容确定儿童的教学目标和主要教学内容。本书教学和活动内容的设置依据瑞典《训练学校教学大纲》，老师和家长需要根据国内的课程标准和儿童的具体情况确定教学目标和教学内容。确定教学和活动内容后，可参考第八章学习材料的结构化并结合儿童的需要制作学习材料。

构建结构化的任务 / 活动流程

桌面教学是结构化教学的重要组成部分。结构化教学有两种桌面教学形式，即一对一教学和独立学习。结构化教学对一对一教学活动流程没有严格的规定，但利用这个教学形式，可以实施多种桌面教学干预方法和教学内容。独立学习有其独特的活动流程，目的是培养儿童独立学习的能力。参考第四章、第五章和第六章，布置一对一教学和独立学习活动场所。

摸索出一个适合儿童的可视化作息时间表

可视化作息时间表是结构化教学的核心。对于刚接触结构化教学的儿童，老师或家长可能需要多次尝试才能找到真正适合儿童的时间表。可视化作息时间表的执行过程是老师或家长对孩子提出要求的过程，同时也是配合，甚至是妥协的过程。在此过程中，老师或家长需要学习结构化教学的理论基础和操作，了解自己的孩子，同时也要给孩子时间和耐心，帮助他们掌握操作技能。一个好的可视化作息时间表应该是基于孩子的理解能力、为孩子提供帮助的管理系统。有关可视化作息时间表的介绍见第七章、第九章和第十一章的相关内容。

在可视化作息时间表执行的过程中，势必会涉及计时的问题，如课间休息、玩电脑等的计时，参考第七章，可以找到适合孩子的可视化计时工具。

运行结构化教学

具备前面提到的结构化教学要素以后，就可以尝试实施结构化教学。刚开始实施时，可能会有很多需要改进的地方，这需要在时间和经验的积累过程中慢慢地完善。学生也需要时间慢慢地学习和适应。

在结构化教学执行过程中，不可避免地会涉及结构化教学的一些工作方法和手段，如规程和变通与视觉结构化活动。具体内容可参考第十章和第十一章。作为一个包容性极强的干预方法，结构化教学也可以与其他孤独症干预方法，如应用行为分析（ABA）、图片交换沟通系统（PECS）、社交故事（Social Story™）、谈话垫（Talking Mats）等实现良好的兼容。

第一章　孤独症谱系障碍概述

本章简要介绍孤独症谱系障碍（Autism Spectrum Disorder，简称 ASD）的核心障碍、与孤独症相关联的交叉障碍，以及其他孤独症文化特征，目的是给刚刚接触孤独症谱系障碍的读者提供一些背景知识。这些基础知识有助于读者了解结构化教学的理论基础，同时也有助于增加对孤独症谱系障碍人士的理解和尊重，减少对他们的误解和苛责，创建接纳和融合的社会环境。

可以肯定地说，对从事相关工作的专业人士来说，本章有关孤独症理论知识的介绍远远不够。积极主动地寻求和更新孤独症相关理论知识，在充分了解学生的基础上，找到适合他们的干预手段和方法，是每一个为孤独症谱系障碍儿童、青少年、成人提供服务的专业人士必须做的事。这是因为专业人士的理论知识和实际工作能力，对每一个孤独症谱系障碍儿童的成长和进步有着至关重要的影响。对孩子来说，家长是他们的最后一道防线和希望。家长对孤独症知识的掌握和执行能力，在很大程度上决定着孩子的成长和未来。

孤独症谱系障碍

孤独症谱系障碍是一种极其复杂的、广泛的儿童发育障碍。这种发育的异常，不同程度地影响了孤独症谱系障碍人士在社交、沟通、行为和情感方面的发展，造成他们与众不同的思维方式和感觉体验，限制了他们独立性的发展。

目前，中国的孤独症谱系障碍诊断标准，主要参照美国精神医学学会颁布的《精神疾病诊断与统计手册（第 5 版）》（DSM-5）。第 5 版废除了阿斯伯格综合征、儿童期瓦解性障碍和未特定的广泛发育障碍的独立的诊断标准，取而代之的是唯一的诊断标准——孤独症谱系障碍。在《精神疾病诊断与统计手册（第5版）》中，还把孤独症谱系障碍的三大核心障碍合并为两个，即把原来的社交能力缺损和沟通能力缺损归为一大类，同时，把感知觉障碍也纳入了孤独症谱系障碍的诊断标准。为了叙述清楚，本书仍把社交能力缺损和沟通能力缺损分开叙述。当然，在很多时候，社交和沟通能力不好区分。

现行的孤独症谱系障碍诊断标准涵盖了一个很大的范畴，即从智力仅相当于婴幼儿、没有口头表达、社交能力有限、终身需要他人照顾的典型孤独症（也称凯纳综合征），到智力正常或超常、有良好的语言沟通能力、能正常从事工作、结婚生子，但仍然具有社交障碍和刻板行为的阿斯伯格综合征。另外，在被确诊的孤独症谱系障碍人士和普通人之间还存在着"灰色地带"，即达不到孤独症谱系障碍的诊断标准但仍具有一些孤独症谱系障碍特征的不典型孤独症。

每个孤独症谱系障碍儿童特点不同，再加上智力障碍、多动症、癫痫等与孤独症谱系障碍相关联的交叉障碍的影响，个体之间存在很大的差异，但是，凡被确诊的孤独症谱系障碍人士均具有：社交能力缺损、沟通能力缺损和刻板的兴趣和行为三大核心障碍。此外，由于感知觉障碍在孤独症谱系障碍人士中普遍存在，本书同样会对其加以叙述。

社交能力缺损

沟通和社交能力的缺损主要表现在孤独症谱系障碍儿童与他人交往、沟通的模式异于普通人，且交往和沟通的能力或多或少地低于普通同龄儿童的发展水平。

一些中重度以上的孤独症谱系障碍儿童似乎更喜欢沉浸在自己的世界里，不愿意社交，确切地说不明白社交的意义。也有一些中重度以上的孤独症谱系障碍儿童有与同龄人交往的意愿，但交往往往是单向的，通常从自己的感觉和需求出发，缺乏你来我往的互动。与同龄人相比，他们更倾向于与成年人交往。一些渴望与他人交往的孤独症谱系障碍人士，由于缺乏心智理论[①]，对一些不成文的规定和他人的反应缺乏直觉，因此，他们做事时通常从自己

---

① 编注：心智理论（Theory of Mind, ToM），也译为"心理理论""心灵论"。

的需要和感觉出发，不知适时妥协和适当取舍（不是有意而为之）。以上这些都造成他们与同龄人交往的困难。

沟通能力缺损

在孤独症谱系障碍人士中，语言发展迟缓和异常的情况非常普遍（Lorna Wing[①]，2001）。主要表现为：缺乏或者仅有有限的口语表达能力；忽视（非有意，而是缺乏直觉）和不会使用眼神、手势等非言语沟通方式；不能主动地发起和维持谈话；有仿说现象；在语言理解方面，尤其是抽象概念理解方面存在困难等。对于没有口语沟通能力的孤独症谱系障碍儿童，建议尽早采用扩大与替代沟通（Augmentative and Alternative Communication, AAC）方式，如采取图片或 / 和手语沟通。一个起作用的沟通系统是促进孤独症谱系障碍儿童需求和情感表达、改善理解能力、减少问题行为的重要措施。

小艾，16 岁，智力仅相当于普通儿童 1 岁左右的水平。小艾有孤独症谱系障碍、极重度智力障碍和躁狂症。小艾没有口语表达能力，仅能听懂一些和他日常生活密切相关的词，如吃饭、上厕所等。小艾认识十多个图片，这些图片与实物以及一个请求帮助的手势成为他日常与外界沟通的主要工具。小艾喜欢音乐，在课间休息的时候，如果他想听音乐，就会走到沟通板前，取下代表听音乐的图片，放到和他一起工作的老师手中，然后走向 CD 机的放置地点。

尽管几乎所有的高功能谱系障碍儿童没有语言表达障碍，但他们仍然在语言运用和理解方面存在困难。一些高功能谱系障碍儿童能够非常准确地使用字词，但往往忽略语境或按字面意义理解词语，在理解讽刺、幽默、比喻、具有双重意义的词语以及"话外音"方面存在困难。

[①] 编注：Lorna Wing（1928 ~ 2014）是国际著名的精神病学专家，也是孤独症谱系障碍人士家长。著作《孤独症谱系障碍：家长及专业人员指南》已由华夏出版社出版。

刻板的兴趣和行为

兴趣狭窄，反复进行兴趣范围以内的活动（当然也有厌烦的时候），而不愿尝试兴趣范围之外的活动，甚至拒绝参与，这是孤独症谱系障碍儿童普遍存在的问题。他们不能像普通儿童一样进行假扮游戏以及各种发挥想象力的活动。他们中的一些人，尤其是极重度孤独症谱系障碍儿童，对一些物体，如闪闪发光的东西、线绳等有异常强烈的兴趣；有自我刺激行为，如晃动身体的某一部位；有刻板行为，如僵化地坚持某些特定的、非功能性的仪式；在活动转换方面存在困难，如不愿意结束自己喜欢的活动，等等。

> 小艾的兴趣爱好狭窄，行为重复、刻板，自我刺激行为严重。如果没有学校老师和可视化作息时间表的帮助，他在学校的一天会在一系列古怪和重复的活动中度过，例如，拨弄钥匙圈，晃动门把手，为听椅子和地板摩擦发出的声音而在地板上推椅子……小艾非常排斥时间表上他不喜欢的活动，如学习和拼图。

感知觉障碍

感知觉指的是人们通过感觉器官获取感觉刺激，然后经过大脑分析和经验判断，获取外部信息的过程。感知觉障碍指的是人们通过听觉、视觉、触觉、味觉和嗅觉等感觉器官接收感觉刺激时出现的感觉敏感或者迟钝现象。几乎所有的孤独症谱系障碍人士都有感知觉障碍（Nillson, 2012）。同一个孤独症谱系障碍儿童可能有一种或多种感知觉障碍。感知觉障碍是困扰孤独症谱系障碍儿童的重要问题之一，同时也在很大程度上限制了他们与外界的交往。

感知觉障碍包括以下几种：

- 听知觉障碍（Auditory perception disorder） 例如，不能忍受某种声音；不能过滤掉其他无关的声音而造成注意力不集中；不能控制自己说话的音量等。
- 视知觉障碍（Visual perception disorder） 例如，对光过度敏感或迟钝；不能忍受或喜欢某种灯光等。

- 嗅知觉障碍（Olfactory perception disorder） 例如，不能忍受或者过度喜欢某种味道；根据味道辨别人等。
- 味知觉障碍（Gustatory perception disorder） 例如，不吃或只吃某种食物；没有饥饱的感觉等。
- 触知觉障碍（Haptic perception disorder） 例如，不喜欢别人触碰自己或喜欢触碰他人；不能穿或只能穿某种材料的衣服；对冷暖和疼痛过度敏感或迟钝等。

　　小秦，8岁，有孤独症谱系障碍、严重的听知觉障碍和视知觉障碍。他在人多或嘈杂的场合，会变得异常兴奋，无目的地跑来跑去。小秦说话声音很大，但又对女孩子说话的声音异常敏感，这种声音让他无法忍受甚至会引发自伤行为。小秦对面筋过敏，没有饱的感觉，在吃喜欢的食物时不能控制自己停下来。

相关联的交叉障碍

　　一些孤独症谱系障碍儿童通常会伴有智力障碍、多动症、强迫症、癫痫等与孤独症相关联的交叉障碍。这些障碍和孤独症谱系障碍相互交叉，相互影响，极大地加剧了孤独症的严重性和复杂性，影响了孤独症谱系障碍人士的生活质量。

智力障碍

　　智力障碍往往（但绝不总是）与孤独症谱系障碍同时出现（Wing, 2001）。根据克里斯托弗·吉尔伯格 [1] 和特奥·彼得（Gillberg & Peeters, 1999）的研究成果，凡是被确诊患有典型孤独症的人，其中有80%的智商低于70，另外的20%智商基本在70到100之间。阿斯伯格综合征人士通常有正常的智力，但他们在语言的理解和运用、社交、思维与行为方面仍然存在障碍。

---

[1] 编注：克里斯托弗·吉尔伯格（Christopher Gillberg）是瑞典著名的儿童精神病学专家。著有《从医学和教育学的角度看孤独症》（*Autism Medical and Educational Aspects*, Gillberg&Peeters, 1999）。

小贴士

智力障碍程度表

轻度智力障碍，IQ 通常在 50 ~ 70 之间，其智力发育水平相当于 7 ~ 12 岁的普通儿童。

抽象思维发育不全，因此在语言沟通和与外界交往方面存在障碍。在物品的分类方面存在困难，如不明白为何桌子和椅子都叫家具。可以学会数字、字母和用钟表表示的时间。情感发育良好，但是在情绪控制方面存在困难。

中度智力障碍，IQ 通常在 35 ~ 49 之间，其智力发育水平相当于 4 ~ 7 岁的普通儿童。

能理解具体的符号，明白过去、现在和将来，但在时间的理解和运用上存在困难。有口语表达能力，能听懂简单、具体的口语，但在学习读写和计算方面存在困难。能够记住一些人、动物、物品、地点和自己亲身经历过的事件。能感受到快乐、自豪、后悔和气愤，但比较容易冲动。在与人的互动上存在障碍。

重度智力障碍，IQ 通常在 20 ~ 35 之间，其智力水平相当于 2 ~ 4 岁的普通儿童。

通常没有口语表达能力和抽象思维能力，几乎学不会字母和数字。

极重度智力障碍，IQ 通常小于 20，其智力发育水平相当于 0 ~ 2 岁的普通儿童。

（注：编译自 www.poms.nu. 此为瑞典对智力水平的分级）

智力障碍是孤独症谱系障碍儿童发展的最大障碍之一。它严重地影响了孤独症谱系障碍儿童在语言理解和表达、抽象思维、计划执行以及生活自理等方面的发展，增加了他们习得知识的难度。通过提供一个结构化的学习、生活环境，可以帮助他们了解周边的世界，理解我们的期待，提高他们的认知能力和对外界的适应能力。结构化教学是促进孤独症谱系障碍儿童能力发展的重要手段。

多动症和强迫症

患有多动症的孩子在注意力、自制力和忍耐力等方面存在障碍。一些孤独症谱系障碍儿童同时会患有多动症。此外，在孤独症谱系障碍人士中，癫痫、强迫症、焦虑、失眠和抑郁症也多有发生。

小赵，8岁，有孤独症谱系障碍和多动症。小赵在普通学校随班就读。上课的时候，他经常在教室里走来走去，朝同学做鬼脸，说一些不恰当的玩笑。老师提问的时候，还没有问完，他就把答案说出来了。老师找他谈话，要求他改正这些缺点，谈话的时候他答应得很好，但一上课就又忘了。

其他孤独症文化特征

尽管孤独症谱系障碍儿童不同个体之间存在着很大的差异，但除了核心障碍和与孤独症相关联的交叉障碍等共性之外，大部分孤独症谱系障碍儿童或多或少地还有其他孤独症文化特征。

差异性与非均衡性

孤独症谱系障碍儿童不同个体之间存在很大的差异。以下两个13岁的男孩都有孤独症谱系障碍并伴随中重度智力障碍，但在实际生活中，两人所表现出来的能力有着巨大的差异。

大卫能阅读和书写瑞典语，但缺乏语言的理解和沟通能力，只能用个别单词和一些图片与人沟通。大卫会计算二十以内的加减法，但不会处理日常生活中碰到的数学问题，如不理解五个人需要五个杯子。大卫能自己如厕和洗澡。大卫有严重的自伤和伤人行为。

小凡缺乏抽象符号的识别和理解能力，不能阅读和书写瑞典语，没有数字和数量的概念，但小凡有不错的口语沟通能力，喜欢与认识的成年人交往。小凡性格温和，没有伤人和自伤行为。小凡上厕所需要别人的提醒和帮助。

上面的例子也显示了同一个孤独症谱系障碍儿童在不同的发展领域会出现不均衡现象。

不同个体之间的差异性要求我们要从不同个体的实际情况出发，因材施教。而对于同一个体在不同发展领域出现的不均衡现象，克里斯托弗·吉尔伯格和特奥·彼得在《从医学和教育学的角度看孤独症》（Gillberg & Peeters, 1999）一书中给出了很好的建议："教育工作者必须用更加细节化的眼光看待孩子每一个方面的发展，否则就有可能低估或高估他们。"

具象思维

具象思维，也就是缺乏抽象思维能力，在孤独症谱系障碍儿童中非常普遍。以下内容虽然只描述了孤独症谱系障碍人士对语言概念的理解，但也在一定程度上反映了他们对其他抽象事物的理解。

"无论认知能力高低，孤独症谱系障碍人士对象征性或抽象语言概念的理解都存在困难，常常局限于理解直观描述性语言。在孤独症文化里，词语代表的仅仅是具体的事物，而引申出来的其他含义或者背后的微妙用心，很难与字面词语产生关联。"（Mesibov, Shea, &Schopler, 2004）

尽管几乎所有的孤独症谱系障碍儿童都有具象思维的特征，但一般说来，不同认知能力的谱系障碍人士会有不同的表现形式。对伴随中重度以上智力障碍的孤独症谱系障碍人士来说，具象思维造成了他们对字母、数字和文字等抽象符号在识别、理解方面的困难。数字、数量的学习，时间、空间概念的理解，以及文字、抽象语言概念的学习对他们当中的很多人来说是一个巨大的挑战。高功能谱系障碍人士虽然没有语言沟通障碍，但会出现按照字面意义理解词语，无法体会讽刺、幽默、比喻等真正含义的问题。

不明白做事的意义

如果不加干预，几乎所有伴随中重度以上智力障碍的孤独症谱系障碍儿童都会反复地做他们喜欢的活动，而对他们兴趣范围以外的活动缺乏动力。

"孤独症谱系障碍儿童的世界是由一系列毫不相关的体验和要求构成的，而这些体验和要求背后的主旨、观念、原因、关联或规则，对他们来说就是混沌一片了。"（Mesibov, Shea, &Schopler, 2004）

不明白做事的意义，其后果之一就是缺乏学习动力。

马丁，14岁，有孤独症谱系障碍和中重度智力障碍。马丁喜欢在电脑上反复地观看《阿拉丁》《长袜子皮皮》等动画片，而不喜欢文化课的学习。当马丁需要上文化课的时候，他有时会拒绝、跑开，甚至撕碎他的书和作业本、折断他的铅笔。

执行功能缺乏

执行功能是一种高级的认知功能，负责想法和行为的控制。这个功能帮助我们按照自己的目标和愿望行事，而不受外部的刺激驱动。执行功能包括灵活性、控制力、动力、忍耐力、时间和空间感知、管理能力和计划性等。执行功能缺乏会导致孤独症谱系障碍人士出现自我控制能力差，工作记忆差，计划性和组织能力差，缺乏灵活性，没有或缺乏时间和空间概念，不能从错误中总结经验和教训，不能正确地进行自我认知，不能纠正自己的行为等问题。

执行功能缺乏在中重度以上谱系障碍人士中的一些表现形式是：结构化构建能力差，不能有效地进行自我管理；日常活动全部或部分依靠家长和老师的安排和帮助；不知道一定的活动要在一定的场所进行，如吃饭、如厕不分场合、地点；东西乱扔乱放；有自我刺激行为；不听指令（非有意而为之）；组织和排序能力差，不能独立地完成一项活动等。而在高功能谱系障碍人士中则表现为缺乏计划性，不能根据任务的轻重缓急有计划地安排和执行任务，从而导致不能按时完成任务。以上这些问题是孤独症谱系障碍儿童需要结构化教学的重要原因。

泛化困难

不能把某个情境下学会的技能或行为应用到另外一个场合，或通过推衍习得另外一个技能，即不能泛化或泛化能力弱。这是孤独症谱系障碍人士普遍存在的问题。因此，一个孤独症谱系障碍儿童学会了刷碗，并不意味着他会刷盘子；他在家学会了刷碗，也不意味着他在其他地方会刷碗。

记忆功能障碍

记忆是人脑最基本的功能之一。没有记忆我们就学不会新的东西，无法处理日常活动，不能从经历中总结经验和教训。孤独症谱系障碍儿童的记忆功能障碍不仅仅表现为简单的记不住。一些严重缺乏程序性记忆（procedural memory）的谱系障碍儿童不仅不能独立地完成刷牙、洗脸等活动，甚至连走路时要先迈哪只脚都需要想一想。一些缺乏情景记忆（episodic memory）的孤独症谱系障碍儿童记不住已经经历过很多次的事。

阿兰，16岁，有典型孤独症并伴有重度到极重度智力障碍，智力仅相当于1岁半左右普通儿童的水平。阿兰很喜欢吃用面、牛奶和鸡蛋摊的薄饼。在每周一次的烹饪课上，阿兰都会在老师的帮助下做鸡蛋薄饼。尽管如此，阿兰每次上烹饪课还是很焦虑，挣扎着要走出厨房，直到老师做出第一张薄饼，他才安静下来。后来老师做了"鸡蛋薄饼流程图"和一个与实物大小相同的薄饼图片，每次上课时都让他拿着，阿兰的焦虑情绪才因此而消失。

缺乏对时间、空间概念的理解

很多孤独症谱系障碍儿童在时间概念的理解和时间长短的判断上存在困难。他们似乎不明白时间会随着活动的进行而消逝，也不理解为何需要等待以及需要多长时间的等待。他们在活动的过渡上存在困难，如很多中重度以上谱系障碍儿童在结束自己喜欢的活动和等待活动开始上存在困难，因此，他们需要时间表和可视化计时器等工具明确地表示时间的开始、持续和结束。一些高功能谱系障碍儿童则表现为在时间统筹和活动所需时间的预估上存在困难。

一些孤独症谱系障碍人士在判断身体与物体之间的距离、空间的大小和识别空间方位上存在困难，如不能明确地判断脚与地面间的距离，导致走路很重，或经常出现迷路等现象。

与众不同的学习方式

智力障碍、语言沟通障碍、注意力和自制能力差、与众不同的思维方式（具象思维、泛化困难、难以提炼事物的意义等），以及缺乏直觉等造成了孤独症谱系障碍儿童与众不同的学习方式，这使他们很难像普通儿童一样习得知识。

过度的紧张和焦虑

由于智力障碍、想象力和语言沟通能力缺乏等原因，孤独症谱系障碍人士对环境的理解和事件的预知能力较差，因此，他们对即将发生的、不明确的事，如等车、等吃饭这些需要等待的活动，有着在我们普通人看来毫无必要的紧张和焦虑。过度的紧张和焦虑也会发生在孩子不能表达想法和需求，不明白周围人对他的期待，或被其他人的情绪感染等情况下。

张立，9岁，有孤独症谱系障碍和中重度智力障碍。张立已习惯周围一些熟悉的人和事。当他的周围出现一些和平时不一样的情况，如学校的操场需要维修，他不能像往常一样到操场从事室外活动时，就会引起他强烈的不安和焦虑，有时甚至引发自伤行为。

第二章　孤独症谱系障碍在瑞典

瑞典是北欧的一个福利制国家，本着"人人都有受教育的权利"和"以人为本"的教育理念，经过瑞典人民的不懈努力，建立了适合不同个体需要的、多样性的，以及涵盖从幼儿园到高中的完整的孤独症教育体系。本章将简要介绍瑞典孤独症教育现状和瑞典《训练学校教学大纲》，目的是使读者更好地了解瑞典孤独症教育的现状，并为本书后面的内容介绍提供一些背景知识。

瑞典孤独症谱系障碍儿童教育现状

瑞典的孤独症教育体系覆盖从幼儿园到高中的各个阶段，在小学、初中阶段包含六种不同的教育方式。初中毕业之后，根据学生的能力发展水平，选择适合他的高中阶段教育方式。

幼儿园阶段

在幼儿园阶段，几乎所有的孤独症谱系障碍儿童都在普通幼儿园随班就读。幼儿园园长会根据孩子的具体情况决定是否需要配备随班就读老师。随班就读老师是由幼儿园聘用、政府买单的，家长不需要承担任何费用。政府有专门的机构负责孤独症谱系障碍儿童随班就读老师和幼儿教师的指导、培训工作。幼儿园也会根据需要，为有感知觉障碍、容易疲劳的孤独症谱系障碍儿童提供休息、放松的地方。

小学、初中阶段

与瑞典普通儿童一样，孤独症谱系障碍儿童在 6 岁左右进入学前班，但家长可以根据孩子的具体情况适当推迟孩子的入学年龄。通常情况下，学生在校时间是上午 8 点到下午 4 点半，家长也可以根据工作或家庭需要延长孩子的在校时间。

孤独症谱系障碍儿童通常由市级教育部门安置在公立学校，家长也可以把孩子送到私立学校。瑞典所有的孤独症学校和机构都是免费的。根据瑞典的法律，市级教育部门负责孤独症谱系障碍儿童的安置，但最后的决定权归父母。一些父母在孩子没有严重智力障碍和问题行为的情况下，通常会让自己的孩子进入普通学校随班就读，学校不但不能拒绝，而且有责任根据孩子的需要为其配备必要的资源。如果孩子即使在得到帮助的情况下仍然不能适应学校的生活，市级教育部门经过和父母协商，再把孩子转到孤独症融合小组、孤独症基础特殊学校或专为中重度以上孤独症谱系障碍儿童开办的训练学校。

为了满足不同程度的孤独症谱系障碍儿童的需要，在小学和初中阶段，瑞典有六种不同类型的教育方式。

孤独症训练学校

孤独症训练学校主要招收 6 ～ 16 岁、智商在 50 以下的中重度以上孤独症谱系障碍儿童。这类学校的师生比最高，通常超过 1 ：1，另加清洁人员、厨师和校长等后勤和管理人员。训练学校执行瑞典教育部颁布的《训练学校教学大纲》，采用结构化教学，为学生提供高度结构化的学习环境。训练学校的老师在承担教学工作的同时也承担对学生的养护职责。

孤独症基础特殊学校

孤独症基础特殊学校主要招收 6 ～ 16 岁、智商在 50 ～ 70 之间的轻度孤独症谱系障碍儿童。孤独症基础特殊学校执行瑞典教育部颁布的《基础特殊学校教学大纲》，主要学习科目有：图画、英语、家务与消费知识、体育与健康、数学、音乐、自然科学、社会科学、手工（木工和缝纫）、瑞典语和科技。基础特殊学校通常设在普通学校内，学生数量较少，师生配比较高。

孤独症基础特殊学校的学生中学毕业后，可以就读专门为孤独症学生开办的职业高中或者根据学生的具体情况学习其他课程，高中毕业后可以在支持下就业。

孤独症融合小组

孤独症融合小组是设在普通学校，专门招收孤独症谱系障碍学生的资源教室。在瑞典，普通学校开办孤独症融合小组的最初目的是为那些高功能孤独症谱系障碍学生进入普通班级提供学习和心理上的准备。一些高功能孤独症谱系障碍学生由于社会交往、情感或 / 和感知觉方面的障碍，不能进入或者继续在普通班级随班就读，但是，他们可以通过参加普通班级的部分课程，逐渐地融入普通班级。对于那些不能和普通班级一起上的课程，融合小组的老师会和普通班级的任课老师定期沟通，然后由融合小组的老师对学生进行一对一的辅导。普通学校开办的孤独症融合小组既能使孤独症谱系障碍学生得到专业特殊教育老师的帮助，又给他们提供进入主流教育、与普通班级学生接触的机会。孤独症融合小组的师生配比较高，有孤独症专业知识和经验的特殊教育老师的比例比训练学校还大。

近年来，由于瑞典政府对孤独症谱系障碍儿童融合教育要求的不断提高，再加上父母有择校的最终决定权，孤独症融合小组的接收对象也不限于高功能孤独症谱系障碍儿童。但孤独症融合小组执行《普通学校教学大纲》，更侧重文化课的学习，对于那些更需要沟通能力和个人生活自理能力学习的中重度以上孤独症谱系障碍儿童来说并不是理想之处。

随班就读

智力正常的孤独症谱系障碍学生通常会选择在普通班级随班就读。瑞典小学普通班级的学生数量一般不会超过 25 名，每个班级通常有 2 ~ 3 名老师。学生在小学低年级阶段的学习任务不是很重，他们通常在下午 1 点半放学，然后在校进行业余活动。这些无疑都给孤独症谱系障碍儿童的随班就读创造了条件。

学校通常会根据孤独症谱系障碍学生的需要，采取以下帮助措施：为有需要的学生配备随班就读老师；为有感知觉障碍、容易疲劳的学生配备休息室；制订个别化教育计划（IEP），用于指导任课老师和随班就读老师的日常工作；市级教育部门和学校的特殊教育老师为随班就读老师以及任课老师提供指导和培训等。

孤独症资源学校

当一个智力正常、在普通学校随班就读的孤独症谱系障碍学生出现问题行为，不能继续随班就读时，通常会被安置到孤独症资源学校。孤独症资源学校学生数量少，有孤独症专业知识和工作经验的特殊教育老师较多，能给这些学生提供更多的支持和帮助。

送教上门

一些孤独症谱系障碍学生由于种种原因不能去学校上学，市级教育部门有责任安排老师到孤独症谱系障碍学生家里对他们进行一对一辅导。

高中阶段

在结束初中九年制义务教育以后，孤独症谱系障碍学生和普通学生一样升入高中。一些高功能的孤独症谱系障碍学生会升入普通高中，为进入大学或就业做准备，而在小学和初中阶段就不能完成教育部颁布的《普通学校教学大纲》的孤独症谱系障碍学生，根据具体情况有以下三种选择。

孤独症班级

四年制，主要接收孤独症训练学校的学生。学习内容、方法和孤独症训练学校基本相同，采用高度结构化教学。学生毕业后通常去成人日间中心（或称庇护工场）。

孤独症特殊职业高中

主要接收孤独症基础特殊学校的学生。学生可根据自身的具体情况和兴趣就读国家认可的职业高中，如行政、商业、宾馆、餐饮、烘焙、护理等专业。

个人计划

对于那些没有能力就读职业高中，但又不适合孤独症班级的学生，学校可以为他们提供合适的专业，主要包括：美学、家政与消费知识、体育、自然与环境、语言与沟通等。

瑞典《训练学校教学大纲》简介

瑞典教育部颁布的《训练学校教学大纲》又称"五个科目"，主要针对那些不能完成《普通学校教学大纲》和《基础特殊学校教学大纲》，也就是说伴随中重度以上智力障碍的学生。因为本书介绍的孤独症训练学校主要招收伴随中重度以上智力障碍的孤独症谱系障碍学生，因此主要介绍《训练学校教学大纲》。

瑞典《训练学校教学大纲》是训练学校教学的指导性文件。瑞典训练学校的教学目标、内容、评估以及教学材料都是以该教学大纲为基础制定的。同前面提到的两个教学大纲更加侧重知识类科目相比，《训练学校教学大纲》更侧重教授与学生切身相关的知识，培养学生与外界沟通的能力，以及训练学生的个人生活技能。

瑞典《训练学校教学大纲》共分为三个部分：学校的核心价值观和使命、教学的总体目标和指导方针以及课程大纲。其中课程大纲部分是教学大纲的核心，它包含五个科目，即美学、沟通、运动学、日常活动和对现实的理解，每个科目按照教学目的、主要教学内容和知识要求三部分叙述。由于教学时间安排和最低数量保证的教学时间在训练学校教学中占有极其重要的地位，因此，本书也专门加以叙述。

教学目的

教学目的是教学的出发点，主要介绍每个科目的教学可以给学生的发展提供哪些可能性，以及该科目教学的长期目标。教学目的是教学内容和知识要求的基础，为教学的实施提供方向。主要教学内容是根据教学目的设置的，是对教学目的中设定的长期目标的细化。教学的评估要以教学目的为标准，评估过程应结合教学目的对知识要求进行具体诠释。

主要教学内容

主要教学内容是教学的核心，规定了每一科目在每一学习阶段学生需要学习的内容。根据学生所属的年级，主要教学内容分为三个实施阶段：1 ~ 3年级、4 ~ 6年级和7 ~ 9年级。每个实施阶段的教学内容基本相同，但随着学生年级的增高，教学内容的深度和广度有所增加。在主要教学内容中，不同知识点的教学时间可以不同。教学内容不仅可以在同一科目内根据教学目的进行知识点的组合，也可以融合不同的科目以主题的方式呈现。教学过程中可以根据学生的需要和兴趣增加教学内容，也可以让学生参与教学计划的制订和教学评估。

知识要求

知识要求规定了教学的评估内容和标准，同时也是老师了解学生学习进展情况的重要手段。知识要求基于教学的长期目标和主要教学内容，描述了学生在结束九年义务教育后应该达到的知识水平和掌握的技能。在教学中，特殊教育老师需要结合教学目的、主要教学内容和实用性等对知识要求进行诠释和具体化，同时还要充分考虑学生的具体情况。

为了明确学生的知识和能力水平，知识要求分成了两个层次，即基本要求和进阶要求。两个层次的评估内容基本相同，但标准或要求不同。基本要求重在"参与"，要求学生能在老师不同方式的帮助下完成学习任务。进阶要求重在"实践"，要求学生能独立完成教学内容中涉及的相关活动，对学生的独立操作能力提出了较高的要求。《训练学校教学大纲》的实施主体是中重度以上智力障碍的学生，教学大纲太难一直是训练学校普遍反映的问题。在瑞典，几乎所有训练学校的学生都处在基本要求阶段。

教学时间安排

教学时间安排规定了训练学校学生在校的九年时间里，每个科目应该得到的最低数量保证的教学时间（minimum number of guaranteed teaching hours）。因为训练学校没有办法像普通学校一样进行传统意义上的成绩评定，瑞典教育部只能通过每个科目应该得到的最低数量保证的教学时间确保学生每个科目的受教育时间，以避免发生教学时间总量不足，以及不同教学科目之间教学时间分配不均衡的现象。下面的时间表展现了五个科目教学时间的分配情况。

《训练学校教学大纲》教学时间分配表

时间　　　　　年级 科目	低年级 （1~3年级）	中年级 （4~6年级）	高年级 （7~9年级）	合计
美学	315	340	340	995
沟通	315	340	340	995
运动学	315	340	340	995
日常活动	315	340	340	995
对现实的理解	315	340	340	995
学生选择				190
可分配教学时间	300	600	600	1500
保证教学时间总量	1875	2300	2300	6665

备注：
• 学生选择是学生自选部分，在普通学校通常用于开班会。
• 校长决定如何使用可分配教学时间。每一个科目的教学时间不能少到不成比例的程度。

总之，教学目的、主要教学内容和知识要求三者之间的关系是：教师以教学目的为出发点，计划和实施主要教学内容，然后通过知识要求评估学生的学习成果，动态地了解学生在学习上的进展情况。（关注"华夏特教"微信公众号可了解《训练学校教学大纲》的具体内容）

第三章　结构化教学

TEACCH 简介

介绍结构化教学就不得不提到孤独症和相关沟通障碍儿童治疗与教育（Treatment and Education of Autistic and related Communication handicapped Children，简称 TEACCH），很多人常常把两者混淆。结构化教学是 TEACCH 的重要组成部分，既可以作为一个单独的孤独症干预方法，又可以和 TEACCH 的其他训练项目配合起来使用。

TEACCH 最初是北卡罗来纳大学的一个公共卫生项目，20 世纪 60 年代由美国心理学家埃里克·邵普勒（Eric Schopler）教授及其同事共同创建，后来逐渐发展成个别化的孤独症教育训练项目，其内容包括孤独症诊断、早期干预、康复、结构化教学、社会技能和职业培训、研究、杂志和书籍的出版，以及会议的举办等。目前，TEACCH 项目已经在四十多个国家和地区实施，其中结构化教学在世界各地孤独症教育领域开展得尤为普遍，瑞典和中国都在其行列之内。

TEACCH 最早开始于 20 世纪 60 年代初北卡罗来纳大学为孤独症谱系障碍儿童和他们的父母创立的精神分析小组。精神分析小组采用的是弗洛伊德的精神分析法。当时的心理学教授布鲁诺·贝特尔海姆（Bruno Bettelheim）认为，造成儿童患孤独症的原因是情感冷漠的父母对孩子的敌意和排斥，所以，必须把孩子和他们的父母分开。这就是臭名昭著的"冰箱妈妈"理论。当时，TEACCH 的创始人邵普勒是这所大学的雇员。在后来的研究和临床实践中，邵普勒和他的同事儿童心理学家罗伯特·赖克勒（Robert Reichler）意识到精神分析小组采取的干预措施有明显的局限性，它不仅不能帮助孤独症谱系障碍儿童走出困境，反而加重了他们行为的异常。

在接下来的几年里，邵普勒和赖克勒针对孤独症谱系障碍儿童和他们的父母做了一系列的调查和研究。通过这些调查和研究，他们得出以下研究成果。这些研究成果也成为结构化教学重要的理论依据[①]。

1. 孤独症产生的原因不是情感冷漠的父母对孩子错误的教育方式，而是一种无法识别的脑机体损伤。

2. 孤独症谱系障碍儿童需要结构化教学。"我们发现，在结构化教学中的儿童比在非结构化教学中的儿童表现得更好。而且，对于功能发育水平较低的儿童，越缺乏结构化的学习环境，他们的行为越缺乏条理性。"（Mesibov, Shea, &Schopler, 2004）

3. 大多数孤独症谱系障碍人士的视觉运用情况要好于他们的听觉运用情况。

4. 教育可以缓解和改善孤独症谱系障碍儿童在社交和行为方面的异常。

5. 父母是孤独症谱系障碍儿童干预的重要合作者。

这些研究成果把人们对孤独症谱系障碍儿童及其父母的关注从精神分析疗法转移到脑病理学的研究中。人们也开始改变对孤独症谱系障碍儿童的干预方式，以满足他们在认知方面的需求。同时，这些研究也极大地改变了孤独症谱系障碍儿童父母的角色，使他们从替罪羊的角色和内疚的状态下解脱出来，成为帮助孩子成长的重要力量。

什么是结构化

结构化指的是把活动各个组成部分的要素进行合理的组织或统筹，从而使整个流程趋于条理化和逻辑化的一个工作方法。结构化和我们的生活休戚相关，小到我们起床后的一系列活动，大到一个大型活动的成功举办，可以说，人们对结构化构建能力的需求无处不在，无时不在。

举一个现实生活中常见的例子。

---

① 编注：想要了解更多有关 TEACCH 的理论知识和干预方法请参阅《孤独症和相关障碍儿童治疗与教育》（The TEACCH Approach to Autism Spectrum Disorders）和《孤独症谱系障碍学生课程融合：应用 TEACCH 助力融合教育（第 2 版）》（Accessing the Curriculum for Learners with Autism Spectrum Disorders: Using the TEACCH Programme to Help Inclusion: 2nd Edition），中文简体版由华夏出版社出版。

小张晚饭想吃鸡蛋西红柿打卤面和白菜炒豆腐干。第一次搭配面条和这两道菜（以前分开做过），小张需要合理地计划和统筹做这三样食物所需要的步骤。

根据以往的经验和大脑中形成的计划，小张是这样做的：用电水壶烧用来煮面条和做打卤面的开水。洗、切西红柿、白菜、豆腐干和葱。炒鸡蛋，盛出。炒西红柿，放入炒好的鸡蛋，加开水，盖上锅盖煮一会儿。煮锅里放开水，煮面条。盛出鸡蛋西红柿卤。炒白菜豆腐干。捞出面条，盛入碗中。盛出白菜豆腐干。做饭任务完成。

小张根据经验和想象力，计划和统筹做鸡蛋西红柿打卤面和白菜炒豆腐干的流程，以节省时间和能源，同时，他也需要根据做饭过程中可能出现的情况进行适当的调整，最终完成做饭的任务。假如小张以后再做相同的饭，他会不断地优化做饭的流程。做过多次之后，小张甚至不用经过太多思考就可以"自动"地完成做饭任务。小张也可以把这个做饭流程泛化到制作其他食物上，如鸡蛋黄瓜打卤面和芹菜炒土豆丝。

当然，由于每个人做饭习惯不同，同样的饭菜，不同的人可能会采取不同的方法，但不管怎么做，都需要计划和统筹能力，也就是结构化的构建能力，以达到时间最短、资源最省的目的。

假如一个缺乏结构化构建能力的人做这顿饭又会是什么样的呢？一种做法可能是这样的。

小王晚饭想吃鸡蛋西红柿打卤面和白菜炒豆腐干。小王是第一次搭配面条和这两道菜（以前分开做过），他是这样做的：用锅烧冷水，水开后煮面，面煮好后关火，盛出，过水。洗、切西红柿、葱。炒西红柿，关火。炒鸡蛋，放入炒好的西红柿，加冷水，加盖煮一会儿，关火，盛出。洗、切白菜、豆腐干。炒白菜豆腐干，关火，盛出。做饭任务完成。

小王做饭比较刻板，虽然也完成了做饭的任务，也有一定的计划和统筹能力，但同小张相比，明显要花更多的时间和能源。首先，小王缺乏同时做多件事的能力。他完全可以在煮面条的同时洗切食材，以避免煮面条时出现的不必要等待；其次，整个做饭流程缺乏逻辑化，也就是没有很好地统筹做饭的先后顺序，例如，如果他事先准备好所有的食材就不必频繁地开火、关火了。

从以上两个例子的对比中，我们可以看到结构化构建能力在日常生活中的重要性。其实，在现实生活中，不但需要我们合理地计划和统筹，构建结构化，同时也需要我们适应和遵循家里、学校和社会上存在的一些结构化流程。

小李是一名普通学校的学生。通常情况下，小李在校一天的活动是按照课表内容进行的。课表由语文、数学、美术、体育、课间休息、午餐等科目或活动构成。小李每天按照课表的顺序执行下来，就完成了在校一天的学习或活动任务。同时，小李也需要遵循学校的一些非书面的活动安排，如上课、课间活动和吃午饭等活动流程。

孤独症谱系障碍儿童，尤其是伴随中重度以上智力障碍的孤独症谱系障碍儿童，由于受智力、沟通能力和执行功能障碍等影响，缺乏结构化的构建能力，缺乏独立遵循结构化流程的能力，尤其是那些非书面的流程。因此，他们需要周围的人以他们理解的方式——用视觉化构建结构化的系统，帮助他们弥补由于功能障碍造成的生活混乱状态。

结构化教学概述

作为 TEACCH 的重要组成部分，在 TEACCH 发展的初期，结构化就开始在教学中得以实施。经过半个多世纪在不同国家和地区的传播与发展，结构化教学使无数孤独症谱系障碍人士，尤其是中重度以上的孤独症谱系障碍人士受益。目前，瑞典孤独症教育领域根据不同学校或机构学生的具体情况，已然采取了不同强度的结构化教学。

什么是结构化教学

结构化教学是 TEACCH 专门针对孤独症谱系障碍人士开发出来的一套教育化干预策略。关于结构化教学的定义，瑞典知名孤独症专家海伦妮·特兰奎斯特（Helene Tranquist）在《什么是 TEACCH？》（*Vad är TEACH?*, Tranquist, 2006）一文中有很好的描述："结构化教学部分是发展个体在日常生活所有功能范畴的能力和技能，部分是创造一个个体理解的学习环境，以减少个体的紧张和压力（Mesibov, 2005）。这两个方面通过环境、活动和学习材料被可视化和结构化的处理来实现。一个由文字、图片或实物构成的可视化作息时间表向孤独症谱系障碍儿童清楚地表明一天将要发生的活动；用不同方式组织的学习材料使个体清楚地了解人们对他们的期望。学习材料要从个体不同领域的发展水平出发；学习要更多地建立在发展个体的强项和兴趣，而不是训练他的弱项的基础上；沟通的教学也要包含在结构化教学的范围内，重点是发展个体自主的和有意义的沟通。"

也就是说，结构化教学在采用结构化工作原理的基础上，采用视觉支持完成两个互为补充的干预内容。这两种干预内容一是通过教授孩子新知识、新技能和新行为，让他们适应环境，适应社会；二是通过对环境的改变和对活动流程的构建等辅助手段，提高他们对环境的理解和适应能力。这两方面的干预内容，互为补充，缺一不可，功能越低的孤独症谱系障碍儿童越需要后者。可以说，结构化教学是目前针对在校的、中重度以上的孤独症谱系障碍儿童最系统、最成熟的干预方法。

结构化教学的干预是通过结构化教学的要素完成的。结构化教学以可视化作息时间表为核心框架，其他要素都是围绕时间表展现的。本书就是以瑞典一所孤独症训练学校为蓝本，通过结构化教学要素的介绍较为全面地展现了结构化教学在瑞典孤独症训练学校中的应用。下面具体介绍一下结构化教学的几种要素。

- **结构化的物理环境**通过功能区域的划分、隔离，以及视觉标注、视觉提示等视觉支持手段，最大限度地为孤独症谱系障碍儿童提供一个有秩序、安排得当的学习、生活和工作环境，以增加他们对环境的理解及适应能力。

- 通过结构化教学的**两种桌面教学形式**，即老师、学生一对一教学（以下简称一对一教学）和学生独立学习（以下简称独立学习），以及**结构化的学习材料**向孤独症谱系障碍儿童传授新知识、新技能，塑造新行为。

- **结构化的任务／活动流程**告知孤独症谱系障碍儿童任务／活动的实施方法，以确保他们集中精力、独立地完成学习和活动任务。

- **时间的结构化**通过可视计时器等时间辅助工具为有时间知觉障碍和时间理解障碍的孤独症谱系障碍儿童提供了理解时间的可能性。

- **可视化作息时间表**视觉化地向孤独症谱系障碍儿童展示一天的活动内容和顺序，让他们对当天的活动有一定程度的了解和把控，从而增加他们的安全感，减少了不安和焦虑。

- **规程和变通**是对可视化作息时间表的补充。**规程**帮助孤独症谱系障碍儿童了解和预知一些活动和事件，从而增加他们的安全感。不仅如此，规程还可以帮助他们建立符合社会规范的流程。**变通**可以培养孤独症谱系障碍儿童的灵活性，改变他们刻板的思维模式。

- **视觉的结构化活动**通过视觉指令、视觉组织和视觉明晰等视觉支持手段，使孤独症谱系障碍儿童最大限度地明白他们所从事活动的意义、方法、过程和我们的期待，目的是让他们最大限度地参与到活动中来。

在本书介绍的孤独症训练学校中，结构化教学渗透到了学校的方方面面，从学生个性化的可视化作息时间表，到教师办公区域的结构化设置，结构化教学无处不在，无时不在。本书着重介绍针对学生的结构化教学。

图 3-1　结构化的教师办公区域

为什么孤独症谱系障碍儿童需要结构化教学

结构化教学强调结构化和视觉支持在孤独症谱系障碍儿童干预中的重要性。在一定程度上说，对一个孤独症谱系障碍儿童进行结构化教学干预的过程就是采用视觉支持构建结构化的过程。孤独症谱系障碍人士需要结构化教学，主要原因如下。

缺乏结构化的构建能力

从上面小王做饭的例子中，我们看到了结构化构建能力缺乏对普通人生活产生的影响。其实，在现实生活中，大多数孤独症谱系障碍儿童，尤其是中重度以上的谱系障碍儿童，结构化的构建能力要比小王弱得多。造成结构化构建能力缺乏的主要原因是孤独症谱系障碍儿童普遍存在认知能力差、执行功能缺乏和组织排序能力弱等现象，因此，他们需要视觉化、结构化的活动流程，以弥补由功能障碍造成的生活混乱状态。

结构化构建能力缺乏在现实生活中的表现可能是：缺乏计划性和条理性，不能有效地进行自我管理，如找不到有意义的事做、到处跑来跑去；有自我刺激行为；组织和统筹能力差，不能按时完成任务等。

缺乏对活动程序的执行能力

从上面学生小李的例子中，我们可以看到学校有一些书面的活动安排，如课表，也有一些非书面的活动程序，如课堂上的一些活动程序等。一些孤独症谱系障碍儿童由于缺乏直觉、语言沟通能力差和智力障碍等原因，缺乏对活动程序的理解和执行能力，尤其是对那些非书面活动程序的执行能力。因此，他们需要活动程序视觉化，以提高他们的理解和执行能力。当我们帮助他们熟悉环境，掌握学习或工作程序之后，他们就可以把更多的时间和精力专注到新知识和新技能的学习上。

活动程序视觉化还可以增加可预知性，促进孤独症谱系障碍儿童与同龄人的融合。

马克是一个 7 岁的孤独症谱系障碍儿童，在一所普通学校上一年级。马克智力正常，且有良好的语言沟通能力。马克最大的问题体现在与同学交往和参加集体活动方面。马克拒绝参加班级的集体活动。后来通过马克的资源老师和他的谈话得知，他不参加这些集体活动的原因一是不感兴趣，二是不知道将要发生什么，怕出丑，很焦虑，所以干脆就不参加。后来，资源老师在每次集体活动前都做足功课，尽量弄清有关活动的所有信息，用图片和照片做成流程图，在活动发生前讲给他听。尽管马克有时仍然拒绝参加班级的集体活动，但他逐渐开始参加一些他感兴趣的集体活动。（对马克使用的流程图感兴趣的读者可以参阅图7-1参观博物馆流程图。）

语言沟通和工作记忆障碍，需要视觉支持

由于认知和沟通能力不足，一些中重度以上的孤独症谱系障碍儿童在口语的理解和表达方面存在障碍，需要周围人通过图片等视觉支持工具传达信息并表明对他们的期望。同时，孤独症谱系障碍儿童也需要通过视觉支持工具表达他们的需求和感觉，以弥补他们语言表达能力的不足。对一些中重度以上、无口语的孤独症谱系障碍儿童，实物、照片或图片等视觉支持工具可能是他们唯一的对外交流途径。

伴有严重智力和工作记忆障碍的孤独症谱系障碍儿童，不能独立地完成诸如上厕所、穿衣等一系列活动。因此，他们需要在视觉流程图的帮助下尽可能独立地完成活动，而不是单纯地依赖别人的肢体辅助和口头提示。

图 3-2　镶嵌板

一张图片胜过一千句话。同口语相比，图片等视觉支持工具具有让人容易理解且记忆深刻的特点，非常适合中重度以上、无口语的孤独症谱系障碍儿童。对于有口语能力的孤独症谱系障碍儿童，图片等视觉支持工具具有提示和强化的功能，可以增强他们的理解能力。

图 3-2 中的镶嵌板就有非常好的视觉支持功能，它清楚地表明了物品应该放置的位置。

听知觉障碍

一些孤独症谱系障碍儿童有听知觉障碍，这导致他们具有与众不同的听觉体验和语言理解上的困难，他们因此需要视觉支持作为补充。如果一个孤独症谱系障碍儿童有听知觉障碍，他可能会出现以下情况：

- 对某种声音或多种声音过度敏感或迟钝。
- 在声音嘈杂的环境里，不能过滤掉不相关的声音而专注于他们需要听的声音。
- 在被其他声音干扰的时候，很快忘记听到的信息。
- 一次记不住很多的信息。
- 只能听到句子里的个别词，从而影响对整句话的理解，甚至产生误解。

杰克是一个 8 岁的男孩，有孤独症、中重度智力障碍和听知觉障碍。杰克大部分时间在孤独症融合小组学习，但参加普通班级的体育课。在室内体育课上，杰克兴奋地在体育馆里跑来跑去，完全不听老师的讲解和指令。后来，杰克上了一节只有几个学生参加的体育课，老师又用照片做了一个体育课流程图，清楚地展示了体育课的活动内容和顺序，杰克上体育课的情况比以前有了很大程度的改善。

有助于独立性的培养

独立性的培养是结构化教学重要的教学和训练目标之一。同很多其他干预方法相比，结构化教学更加侧重孤独症谱系障碍儿童的未来和家庭之外的生活能力的训练。减少对成年人的依赖、过上独立和有尊严的生活是很多孤独症谱系障碍儿童家长，尤其是中重度以上谱系障碍儿童家长的共同心愿。

独立性的培养还有助于孩子提高自信心、体验成功的快乐，并增加生活乐趣。

结构化教学的教育理念

基于对孤独症谱系障碍人士的理解和尊重，他们自身发展的需要，对未来的考虑，以及对孤独症文化的深度诠释和研究，经过五十多年的发展，结构化教学逐渐形成了自身独特的教育理念。

详细而持续的评估——教学和训练的基础

详细而持续的评估是结构化教学的基础。在瑞典，孤独症谱系障碍儿童被确诊后，市级康复中心、幼儿园和学校均会对其进行评估。这里以训练学校的评估情况为例。

输出学校负责填写《训练学校教育评估表》，为接收学校提供学生的以下信息：语言沟通能力、社交能力、个人生活能力、兴趣爱好、智力情况、业余活动、对外部刺激的反应，以及有无其他疾病等。同时，输出学校的老师要多次带学生到新学校熟悉环境。接收学校的老师也要去学生所在的幼儿园或学校进行实地观察，掌握一手资料。以上这些信息将成为确定学生学习目标和教学内容，制订学生可视化作息时间表及学习材料的重要依据。

学生在校期间，学校会采取定期评估和随时沟通两种形式。定期评估指的是团队内的所有老师定期召开会议，通常是一周一次，对组内学生文化知识的学习、行为表现、学习材料的难易程度和目标的完成情况等做出分析和评估，并确定接下来采取的措施。同时，团队内的老师也会依据《训练学校测评表》，定期对学生进行测评，以了解学生的学习动态。随时沟通指的是老师与老师之间对学生当日的精神状况、学习任务完成情况和问题行为等进行随时的沟通。老师也需要记录学生的问题行为和作业完成情况，为采取下一步措施提供数据分析依据。总之，评估的目的是为了及时把握学生的发展动态，为学生提供量身定做的发展方案。

个别化——提供量身定做的教学和训练方案

不存在适合所有人的干预手段和教学方法。在孤独症谱系障碍人群中，普遍存在着不同个体发展的差异性，以及同一个体不同发展方面的非均衡性，这些决定了要对孤独症谱系障碍儿童个体以及同一个体的不同发展方面进行个别化的干预。根据个别化的原则，教学内容、教学材料、可视化作息时间表等要素都要符合孤独症谱系障碍儿童的具体情况，而不是千篇一律。

小贴士

瑞典孤独症训练学校的两种评估方式

在瑞典的孤独症训练学校，由于学生智力水平较低，没有办法像普通学校一样进行传统意义上的成绩评定，特殊教育老师会使用评估工具对学生进行评估。瑞典训练学校使用的评估工具都是根据《训练学校教学大纲》制定的。下面就介绍一下瑞典孤独症训练学校常用的两种评估工具。

《训练学校教育评估表》

《训练学校教育评估表》(Pedagogisk bedoömning av elever grundsärskola / inrikting träningskola) 是一个应用于总结性评价的、较为正式的评估工具，其主要内容包括：学生个人信息、学校信息、家庭背景、功能障碍情况、语言能力、与成人和同龄人交往的能力、生活自理能力、行为（如处理冲突等）、兴趣和强项、记忆力、注意力和忍耐力、自我感觉（如学习态度和自信心等）、独立工作的能力、对时间和空间的感知能力、想象力和创造力，以及根据每个科目知识要求进行的学业和能力评估。

这个评估通常在学生转学或升学时由输出学校进行，或在学生三年级、五年级、八年级时由当时所在的训练学校进行。

《训练学校测评表》

在教学过程中，特殊教育老师需要对学生知识和技能的掌握情况进行评估。由于《训练学校教学大纲》中有关知识要求的内容较为简单和抽象，其中基本要求和进阶要求两个层次的划分也不足以展示学生学习的真实情况，瑞典萨拉市的一个基础特殊学校根据《训练学校教学大纲》主要教学内容和知识要求制定了《训练学校测评表》(Grundsärskolan träning matris Sala F-9)。

同《训练学校教学大纲》一样，《训练学校测评表》也分为五个科目，即美学、沟通、运动学、日常活动和对现实的理解，每个科目又分成若干子科目，每个子科目下面是具体的测评内容。见下表（本文略有修改）。

科目：日常活动
子科目：如厕

测评内容 \ 测评标准	水平 1 不感兴趣	水平 2 感兴趣	水平 3 能在帮助下完成	水平 4 独立完成
如厕时的参与情况				
在厕所里小便				
在厕所里大便				
需要如厕时通报				
主动上厕所				
小便后清洁				
大便后清洁				
换卫生巾				
冲厕所				
如厕后洗手				
擦手				

同知识要求相比，《训练学校测评表》更加具体和实用，同时也为教学或训练的具体内容提供了参考。考虑到不同学校教学或训练的侧重点不同，以及不同个体之间的差异带来的教学目标的不同，需要对《训练学校测评表》进行"校本化"和"个性化"。

可预知——用视觉化把未知变成可知

可预知是结构化教学的核心词汇之一，贯穿结构化教学的始终。帮助孤独症谱系障碍儿童把对他们来说未知的环境、活动视觉化，有助于帮助他们了解周边的世界，增加安全感，减少焦虑和不确定性。

"在结构化教学中，环境的设计和学习活动的安排，是为了帮助孤独症谱系障碍人士更好地理解世界；帮助他们认识到自己所处的环境是一个有条理、可预知、能成功的地方；帮他们认识到这个环境中的事物并非杂乱无章的，他们不必感到威胁和困惑。构建好有条理、可预知的环境基础，能让孤独症谱系障碍人士超越对琐碎细节的感知，开始对周边环境中事物的现实意义及其关联做出正确的理解和判断。对于低龄和有具象学习特征的孤独症谱系障碍人士，这种可预知性是他们理解日常生活规程的基础，可以帮助他们将语言标签与实际物品、事件和人物关联起来，让自己的需求得到充分的满足。对于大龄或高功能孤独症谱系障碍人士，可预知的环境能帮助他们更为放松地参与新活动、学习新要求。"（Mesibov, Shea, &Schopler, 2004）

扬长避短——组织实施教学和培训

结构化教学强调儿童的兴趣、爱好的重要性，并且以儿童的兴趣、爱好为出发点组织和开展教学活动。这样做的原因是大多数孤独症谱系障碍儿童因为不理解学习的意义而缺乏学习动力，但对于他们感兴趣的事情却非常地执着。如果一个孤独症谱系障碍学生痴迷马戏团，我们就可以利用学生的这个爱好，以马戏团为主题设计和制作一些学习材料。

独立性——着眼于未来和家庭外，减少对成人的依赖

结构化教学着眼于孤独症谱系障碍儿童的未来，以成年后能够独立生活为训练的终极目标，而不是参照普通儿童的发展水平确定教学目标。当孤独症谱系障碍儿童开始接受结构化教学训练时，人们根据他们的年龄、智力发展水平、兴趣爱好以及认知潜力等，培养和训练他们最基本的能力和技能，以便他们在成年后尽可能独立地生活。这些重要的训练技能包括：语言沟通能力、个人生活技能、实用职业训练（如配对练习、分类练习），以及业余活动和兴趣爱好的培养等。

独立性的培养和支持贯穿结构化教学的方方面面，如结构化的物理环境、任务／活动流程和可视化作息时间表等，可以帮助孤独症谱系障碍儿童在熟悉的环境下尽可能独立地生活和学习。结构化的物理环境可以提高孤独症谱系障碍儿童对环境的理解和适应能力；任务／活动流程可以帮助他们独立地

工作；可视化作息时间表可以提高他们的自我管理能力；洗手、如厕、做饭、用吸尘器吸地等流程图可以提高他们的生活自理能力；参观博物馆、电影院等流程图可以帮助他们走出家门，融入社会。

结构化教学不但能使孤独症谱系障碍儿童在熟悉的环境下尽可能地独立学习和生活，同时，也能把他们在学校等熟悉环境下使用的结构化教学系统泛化到其他场合，如新学校、康复中心、庇护工场、工作单位和家里。另外，可视化作息时间表和流程图等视觉支持工具还有助于减少孤独症谱系障碍儿童对个别成年人的依赖，减轻家长的负担。

明确性——让儿童准确理解我们的期望

明确性也是结构化教学重要的核心词汇之一。在瑞典，结构化教学也称为"明确教育学"，顾名思义就是为有不同思维系统的人提供明确的信息和知识。明确性不但要求为孤独症谱系障碍儿童提供一个容易理解的学习环境，帮助他们了解活动发生的内容、时间、地点、陪同人、方法、数量、原因、过程，以及结束后的安排等重要信息，同时也需要同一孤独症学校的老师、儿童的父母在工作态度和方法上尽可能达到一致性，减少随意性。

脚手架式教学原则

脚手架式教学就是把要学习的新内容搭建在已掌握的内容上。脚手架式教学原则贯穿结构化教学的始终。不论新知识、新技能的学习还是新行为的塑造都要遵循脚手架式教学原则，这是因为教学中引入过多的变化很难让有认知障碍的孤独症谱系障碍儿童理解和消化。根据脚手架式教学原则，教学过程中要避免一次教授过多新内容，最好每次只教授一个新内容，这样已经掌握的学习内容就会成为构建新技能的脚手架。如教孩子在公共场所滑滑梯，并不是让孩子直接在陌生的公共场所和陌生的小朋友滑滑梯，而是先让他在一个熟悉的环境和熟悉的小朋友学习滑滑梯的技巧与规则，再让他在熟悉的地方和陌生的小朋友滑滑梯，或者到陌生的地方和熟悉的小朋友滑滑梯，最后，才把他带到陌生的地方和陌生的小朋友滑滑梯。

结构化教学的应用

结构化教学可以在专门接收孤独症谱系障碍儿童的学校、机构、喘息服务中心、成人日间中心（庇护工场）、资源教室和家庭等地点实施。根据孤独症谱系障碍人士的功能情况，实施不同程度的结构化教学。例如，在瑞典孤独症训练学校，由于校内学生的智力水平较低，需要实施高度的结构化教学，因此，结构化教学渗透到了从结构化的环境布置到结构化的任务 / 活动流程等方方面面。不需要实施高度结构化教学的孤独症学校和机构，也可以根据学生的具体情况使用结构化教学的某些要素，如可视化作息时间表、视觉活动表等视觉支持工具。

在普通班级随班就读的高功能孤独症谱系障碍儿童，可能只在幼儿园和小学低年级阶段需要可视化作息时间表等视觉支持工具。当学生能够读写后，可以根据学生的具体情况撤销视觉支持，改用其他类型的辅助工具，如任务条式作息时间表、购物清单、记事簿或手机上的时间管理软件等。

家庭可以根据儿童的具体情况采用适合儿童的结构化教学强度，或者只选取儿童需要的要素。

我们还可以利用结构化教学的任务 / 活动流程布置一些诸如体育课、主题活动等活动场景。

图 3-3 是根据结构化的任务 / 活动流程布置的室内运动场地及其中转站。由于照片拍摄角度问题，整个活动场地不能全部展现。该场地是由蹦床、过河石、阳光隧道、呼啦圈和平衡木等运动器械围成一圈组成的。

图 3-3　室内运动中转站

第四章　结构化的物理环境

结构化物理环境的重要性

结构化的物理环境就是利用功能性的活动区域、家具、视觉标注和视觉提示等手段，最大限度地为孤独症谱系障碍儿童提供一个有秩序的、安排得当的学习、生活和工作环境，以增加他们对环境的理解和适应能力。孤独症谱系障碍儿童，尤其是中重度以上孤独症谱系障碍儿童需要结构化的物理环境，主要原因如下。

增加对环境的理解和适应能力

区域的功能性划分可以帮助孤独症谱系障碍儿童把特定的活动与活动地点、活动要求联系起来，从而增加条理性，帮助他们理解周围人对他们的期望。如果我们不对他们的学习和生活环境进行功能性区域划分，就可能会造成一些孤独症谱系障碍儿童出现想在哪里干什么就干什么的问题。

提高注意力

视知觉障碍、听知觉障碍和多动症等原因导致一些孤独症谱系障碍儿童在学习和从事活动时无法集中注意力，因此，他们需要通过书橱、屏风、布帘和隔离墙等隔离干扰源，以提高学习的专注度，避免不必要的干扰。（请参阅图 4-4 被屏风分隔的学习区和休息区）

实现明确性

视觉标注可以使孤独症谱系障碍儿童明确地知道活动场所的位置和物品

的放置地点，以增加他们对环境的理解能力，实现明确性。

图 4-1　马克吃饭的地方用颜色和名字标注

提高独立学习和生活的能力

把书籍、厨房用具、玩具和衣物等分门别类地放在固定地点，并在适当的位置提供视觉标注，训练孤独症谱系障碍儿童自己拿取和放回，以提高他们独立学习和生活的能力。

实施结构化物理环境需要考虑的因素

当我们要构建一所高度结构化的孤独症训练学校时，需要根据孤独症谱系障碍儿童的特殊需求和学校的具体情况，从物理环境的角度考虑以下几个因素：学生的年龄、教学形式和活动流程、学校的面积和布局、房间的布局、硬件设施、学生个体的需要、功能区域隔离，以及各功能区的活动规则等。

学生的年龄

一般来说，中重度以上的低龄孤独症谱系障碍儿童需要以下功能区域：一对一教学区、独立学习区、手工活动区、游戏区、午餐／加餐区、感官／休息区、学生厨房、音乐区、体育室和公共活动区等。个人生活自理能力的训练可以在门厅、卫生间、浴室和洗衣房等区域进行。年龄大一点的孤独症谱系障碍儿童需要增加业余活动区和木工房等。另外，任何年龄段的孤独症谱系障碍儿童都需要中转区和室外活动区域，最好还有室内外植物种植区。

教学形式和活动流程

教学形式和活动流程直接影响着学校功能区域的划分和教室的布置。在结构化教学中，经典的功能性区域，如一对一教学区和独立学习区，就是按照结构化教学的形式和活动流程布置的。

- 每一个教学活动都要有一个特定的区域，这样能使学生把活动地点和活动要求联系起来。

- 同一个区域可以安排不同的活动，例如，手工活动、拼图和画画可以安排在同一个地点，但一对一教学区和独立学习区要分开，因为两者在学习内容、学习目的和对学生的期望方面完全不同。

- 学习区也要和游戏区分开，这样做的好处是使学生分清两者的区别，避免在学习区进行游戏活动，从而增强学生学习的专注度。

学校的面积

学校面积的大小是相对于学生的数量而言的。一般说来，瑞典的孤独症学校和机构学生数量较少，通常不会超过 15 人。学生数量多的学校，通常也会被分成若干单位。

一般说来，学校面积越大、学生数量越少越好，这样就可以布置更多的功能教室，同时也可以为更多有视知觉障碍和听知觉障碍的学生提供独立的房间以满足他们休息的需要。但是，这并不意味着每一个孤独症谱系障碍学生都要有自己的房间。事实上，只要安排得当，除了极个别有严重视知觉障碍、听知觉障碍和情绪问题的学生，大多数的孤独症谱系障碍学生还是能参加一些集体活动的，如体育课、音乐课、手工课、课间休息和室外活动等。这样做的目的是使那些本来就缺少同龄朋友的孤独症谱系障碍学生获得更多与其他同学相处的机会，但要充分考虑有严重视知觉障碍和听知觉障碍的学生的具体情况，他们可能因为不能忍受班级里一些同学发出的声音而引发情绪问题。

学校的布局

结构化物理环境的布局需要综合考虑学校现有房间、教学组织形式、所需功能区域以及学生具体情况等因素。同时，每年学生毕业和新生入学都需要对学校的现有布局进行适当的调整。

不同的教学组织形式对学校的布局和教室的布置有不同的需求。教学组织形式可以采取班级、小组和一对一教学形式。基于一对一教学形式，本书介绍的孤独症训练学校采取的是小组制。这种教学组织形式对结构化物理环境的要求是根据学校的具体情况，在 1 ~ 3 间教室内为组内 3 ~ 4 名学生布置一个起作用的教学和活动场所，如一对一教学、独立学习、手工活动、拼图和画画等。如图 4-2，小组 A 共有三名学生，每个学生都有自己单独的、固定的学习地点（由于拍摄角度的问题，还有一张桌子没有照出来）。

如果由于空间限制，无法保证每个学生都有自己单独的教学和活动场所，也可以通过适当调整可视化作息时间表避免使用教学或活动场所时产生的冲突。除此之外，学校其他大部分的活动区域是全校学生共享的，如游戏区、公共活动区和手工活动室等。图 4-3 是小组 A 学生进行除桌面教学以外的其他很多活动的场所，如读书、拼图、画画、玩橡皮泥和穿珠等。

在考虑整个学校布局时，也需要为有严重问题行为的学生预留并布置单独的房间或角落，以供学生休息、安静、平复情绪问题。

图 4-2　小组 A 的一对一教学区

图4-3　小组A的综合活动区

房间的布局

- 学生学习的地方最好远离门口人声嘈杂的地方，以使学生有个安静的学习环境。

- 一对一教学和独立学习使用的桌子最好对着一面空墙，避免把桌子放在靠近窗户的地方，以减少环境对学生的干扰。

- 储存学生学习材料的书橱和书架最好挨近学生学习的位置，这样可以方便老师拿取学习材料。

- 每一个物品要有固定的放置地点，以帮助学生保持房间和学习地点的整洁。

硬件设施

在瑞典的孤独症训练学校，布置一个结构化物理环境需要的硬件设施有：家具（桌椅、橱柜等）、厨房设备（餐具、炉灶、烤箱、冰箱等）、洗涤设备（洗衣机、烘干柜）、电子设备（电脑、平板电脑、交互式电子白板、电子琴等），以及用于学生手工和木工活动的一些设备。另外，学校通常还会有一辆面包车，用于郊游、上游泳课、体育课等校外活动。

个体的需要

根据个体的情况决定是否需要独立的房间，以及进行个性化的学习环境设计。对于容易分心的学生，学习、活动区域不要放置过多的东西。墙上除了必要的东西之外，不要张贴其他东西。

功能区域隔离

功能区域被确定以后，可以利用书橱、屏风、隔离墙和家具等把功能区域分隔开来，以减少周围环境对学生的影响，也可以利用地毯、沙发等视觉提示告知学生该区域的功能。

图 4-4 被屏风分隔的学习区和休息区

功能区域活动规则

功能区域布置好之后，需要针对该功能区的活动内容制定活动规则。小贴士中是一个在实际教学中使用的美术/手工教室活动规则，教师可据此制定自己所需的活动规则。

视觉标注

功能区域确定好以后，最好在学生入学前在每个功能区域贴上图片或视觉沟通符号；在放置学生个人物品、学习和用餐的地点贴上带有他照片或名字的图片。视觉标注可以帮助孤独症谱系障碍儿童辨识空间方位，实现明确性，使他们在熟悉的环境中尽可能独立地学习和生活。

小贴士

美术 / 手工教室活动规则

· 学生的画要放在写有他名字的托盘上晾干。画晾干以后，放入写有他名字的画册。

· 学生的作品要放在写有他名字的托盘上。

· 冲洗画笔及绘画所用物品，根据需要清洁桌面。

· 拿出来的东西要放回原处。

· 保持室内清洁。

孤独症训练学校功能区域介绍

瑞典孤独症训练学校主要招收那些不能完成《普通学校教学大纲》和《基础特殊学校教学大纲》的学生。基础特殊学校和训练学校的学生通常都有一定程度的智力障碍或脑损伤。基础特殊学校主要接收轻度智力障碍，也就是智商在 50 ~ 70 之间的学生，而训练学校主要接收中重度以上智力障碍，也就是智商在 50 以下的学生。除了智力，适应能力和社交技巧也包含在评估范围内。2017 ~ 2018 学年，全瑞典在训练学校就读的中小学生数量为 4567 名，约占全瑞典中小学生数量的 0.4%，其中包含了在孤独症训练学校就读的中重度以上的孤独症谱系障碍学生。

孤独症训练学校主要招收伴随中重度以上智力障碍的孤独症谱系障碍学生，这些学生执行《训练学校教学大纲》。另外，训练学校也接收一些智商稍高但由于种种原因不能在基础特殊学校就读的学生，这些学生执行《基础特殊学校教学大纲》。瑞典的孤独症训练学校普遍采用高度结构化教学。

我工作的孤独症训练学校是一所公立学校，同瑞典普通学校一样，学校实行九年制义务教育，并提供免费的早、午餐和下午加餐。资金的来源、学生的安置和老师的培训等由市级教育部门负责。市里还为学生提供免费的接送服务。下面就以我工作的 S 学校为例，介绍一下瑞典孤独症训练学校功能区域的设置情况。

学校情况简介

S 学校位于一个公园内。校园内外古树参天，风景优美。附近的森林、小河和农田给学生提供了良好的校外活动场所。

学校分为两个部门，小学部和初中部。学校共有 17 名老师，其中，全职老师 11 名，其余的为兼职。17 名老师中含特殊教育老师 4 名，均为全职。另外，学校还有一名兼职校长、一名厨师和一名清洁人员。学校有 14 名在册学生，年龄介于 6 ~ 16 岁之间。学生上午上学，13：30 以后，13 岁以上的 6 名中学生去专为孤独症谱系障碍学生办的青少年活动中心，另外 7 名 13 岁以下的小学生在学校参加课外活动。一名学生几乎长期待在家里，学校有时送教上门。学生正常在校时间是 8：20 ~ 16：45。有一名学生 6：15 到校，一名学生 17：00 离校。

图 4-5 雪中的学校操场

单一功能区域介绍

门厅

门厅是学生放置个人物品的地方，也是一个很好的训练场所。问候以及穿、脱衣等日常生活技能的训练都在这里进行。

图 4-6　门厅

教室

图 4-7　供学生集体学习的教室

尽量创造学生集体学习的机会。可以把那些有严重视知觉障碍、听知觉障碍和情绪问题的学生安排在一个单独的教室里学习。

图 4-8　一对一教学区

图 4-8 是仅供个人学习的小教室。这里用来进行一对一教学。在结构化教学中，一对一教学指的是学生在老师的单独指导下，学习新知识和尚未完全掌握的知识。有关一对一教学的具体内容可参阅第五章结构化教学的两种桌面教学形式。

图 4-9 是学生的独立学习区。在结构化教学中，独立学习指的是通过一套结构化的活动系统，让学生独立地完成学习任务。这些学习任务通常是学生在一对一教学或其他活动中已经掌握的知识和技能。有关独立学习的具体内容可参阅第五章结构化教学的两种桌面教学形式。

图 4-9　独立学习区

中转站

中转站是放置可视化作息时间表和其他学习用品的地方。图 4-10 中由文字构成的作息时间表是供有阅读能力的孤独症谱系障碍儿童使用的。

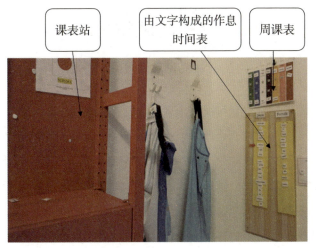

图 4-10　中转站

游戏室

图 4-11　球室

　　游戏室是孤独症谱系障碍学生玩耍和休息的地方，对低龄孤独症谱系障碍学生尤其重要。（注意：左边蓝色塑封条上的魔术贴是用来贴课表图片的。这个带有照片和魔术贴的塑封条被称作"配对卡"，是可视化作息时间表登记式操作流程的一部分。）

小贴士

中转站和课表站

中转站是张贴或放置可视化作息时间表的地方，是每次活动的起点和终点。除可视化作息时间表之外，中转站还可以张贴诸如周课表、提示卡、供老师使用的一周文字或图片作息时间表，以及写给老师的教学指南等。

课表站是中转站的一种形式，是放置学生可视化作息时间表和其他学习材料、用品的书橱。一个课表站通常由两部分构成，中间由隔板分开。在隔板上方的内壁上，可以放置作为公告栏的白板。书橱的下半部是一个封闭式的橱柜，可以放置学生的学习材料和学习用品。

可视化作息时间表可以贴在房间的墙上或书橱上，也可以放在课表站的隔板上或贴在内壁上。

可视化作息时间表上的活动是：休息——选择（另有与之配套的选择板）——如厕——独立学习。对选择表感兴趣的读者可以参阅图 9–30 米娅的选择板。可视化作息时间表所用的视觉沟通符号[①]是由瑞典国家特教局研发的黑白象形图片（pictogram）。本书用 Tobii Dynavox 公司研制开发的 Boardmaker 软件中的图片沟通符号替代真实场景下使用的黑白象形图片。

[①] 编注：目前国内有不同公司开发的视觉沟通符号，也有各种客户端应用。全球范围内使用最广泛的工具软件就是由 Tobii Dynavox 公司研发的 Boardmaker。该软件提供强大的图片沟通符号（Picture Communication Symbol, PCS）库，也可以使用软件中自带的图片沟通符号及教学模板，灵活创作并打印教学材料。本书所用的图片即来自 Tobii Dynavox 公司的图片沟通符号库。感兴趣的读者可以访问 www.tobiidynavox.com，以获得更多的资讯。

休息室

图4-12　休息室

　　休息室是孤独症谱系障碍学生休息、放松和"补充能量"的地方，也是那些有视知觉障碍、听知觉障碍和情绪问题的孤独症谱系障碍学生可以安静独处的场所。

学生训练厨房

　　学生训练厨房是孤独症谱系障碍学生学习烹饪、烘焙和清洁等日常生活技能的场所。这些技能的训练对于他们成年后的独立生活非常重要。图4-13包括：1. 可升降的工作台；2. 有数字显示的可调控温度的炉灶（厨房用具越标准化越有利于学生独立操作）；3. 木制的垫高台，身材矮小的学生可以站在上面。

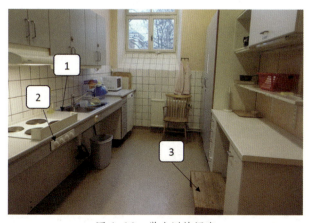

图4-13　学生训练厨房

小贴士

魔术贴

魔术贴，又名撕拉条、子母贴，是一种连接辅料。使用时，根据需要剪好长度，撕掉魔术贴背面的纸或塑料，然后分别把两条（块）魔术贴贴在需要连接的物品上即可。魔术贴广泛应用于

服装、鞋帽、皮包、沙发、体育运动器材和窗帘等物品。在瑞典，魔术贴被广泛地应用在视觉活动表和学习材料的制作上。

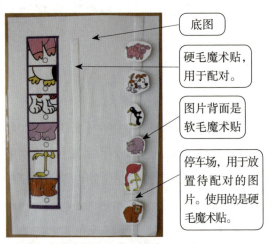

底图

硬毛魔术贴，用于配对。

图片背面是软毛魔术贴

停车场，用于放置待配对的图片。使用的是硬毛魔术贴。

一个由魔术贴制作的学习材料

通常情况下，在用魔术贴做视觉活动表和学习材料时，把硬毛魔术贴贴在塑封后的底图上，软毛魔术贴贴在塑封后的图片背面。

木工房

木工是手工活动及职业技能培训的一部分。学生在木工房做些简单的拼装、上色等工作。

图 4-14 木工房

多功能区域介绍

如果学校缺少小房间，也可以在一间大教室里布置出不同的功能区域，如休息区、游戏区、一对一教学区、独立学习区、读书区、吃饭区和中转站。每个功能区可以用屏风、家具、地毯等与其他功能区分开。

教室和公共活动区

如图 4-15，这间教室和公共活动区被分成四个不同的功能区域：

1. 游戏区，包括整个地面。左边低矮的橱柜是放置玩具的地方。
2. 拼图和画画区。
3. 独立学习区。
4. 休息和看电视区。

教室和学习材料室

图 4-16 中，交互式电子白板是一种有触摸屏的多功能教学工具，在学校的使用频率很高。学习材料按照《训练学校教学大纲》的五个科目分类。塑料盒上的数字表示学习材料的难易程度。

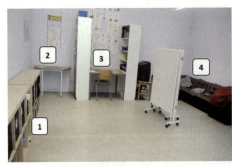

图4-15　教室和公共活动区

图4-16　教室和学习材料室

手工课教室和琴房

手工课教室和琴房是学生进行画画、做手工和弹电子琴等活动的场所。

图4-17　手工课教室和琴房

音乐教室和室内活动室

音乐教室和室内活动室是学生进行音乐课、韵律操、巴西武术卡波拉和室内体育活动的场所。

图 4-18 音乐教室和室内活动室

饭厅和中转站

图 4-19 是学生吃早、午餐和下午加餐的地方，同时也兼做中转站。在 S 学校，以大众接受的礼仪用餐也是学生日常生活技能训练的重要目标之一。

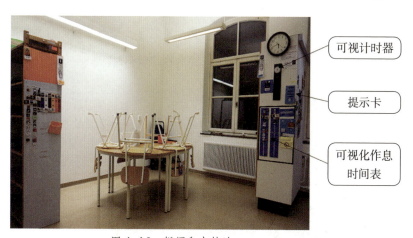

可视计时器

提示卡

可视化作息
时间表

图 4-19 饭厅和中转站

小贴士

提示卡

提示卡，在瑞典也叫传递卡，是可视化作息时间表操作过程中使用的辅助工具。其用途是帮助孤独症谱系障碍儿童在完成一项学习或活动后，回到中转站。通常情况下，提示卡贴在学生学习和活动的地点。学生完成活动后自己取下提示卡，再把它贴在作息时间表的旁边。提示卡也可以由老师在学生完成活动后递给他。具体使用哪种方法，取决于学生是否能在活动完成后自己主动取下提示卡。这项技能可以通过训练获得，必要的时候，老师给予肢体或口头辅助。

另外，提示卡还可以用在其他的一些场合，如对于没有使用可视计时器的重度以上孤独症谱系障碍儿童，可以在他们休息和室外活动结束后，把提示卡递给他们，帮助他们回到中转站。

提示卡可以有多种形式，可以是写有儿童名字、印有儿童照片并带有颜色的塑封卡片，也可以是一块带有颜色的木片或塑料片。

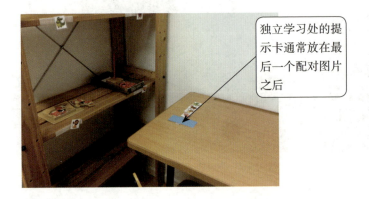

独立学习处的提示卡通常放在最后一个配对图片之后

第五章　结构化教学的两种桌面教学形式

概述

在S学校，除了音乐、体育和手工课等有两名以上学生参加的"大课"外，其余都是一名老师每次只负责一名学生的一对一形式教学。一些一对一形式教学（图5-1中的课表图片①）有着一看便知的教学内容，如成年人读书、拼图和弹电子琴等；另一些则包含在结构化教学的两种桌面教学形式（一对一教学和独立学习）中。一些教学内容既可以作为单独的活动项目，也可以包含在一对一教学和独立学习中，如拼图、看图写话和沟通能力的训练等；而另外一些，如弹电子琴和生活自理能力的训练，最好只作为单独的活动项目。

一对一教学和独立学习是结构化教学两种重要的桌面教学形式，这两种桌面教学形式根据学习内容和学习形式的不同划分。其他教学活动通常围绕这两种教学形式组成学习时段。例如，图5-1的时间表由两个学习时段构成。

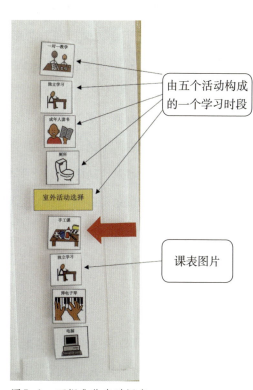

由五个活动构成的一个学习时段

课表图片

图5-1　可视化作息时间表

---

① 编注：可视化作息时间表上的图片称作课表图片，一个课表图片代表一个活动内容。

小贴士

学习时段

学习时段通常指围绕一对一教学、独立学习、手工课等比较费脑且学生通常不太喜欢的活动组成的一组活动。一个学习时段通常从以上提到的这些活动开始，然后是一些较为轻松的活动，如成年人读书、弹电子琴、玩橡皮泥、游戏，最后以学生喜欢的活动、休息或选择结束。这样后面的活动就可以作为前面活动的强化物，诱导学生完成学习任务。（注意：儿童的喜好非常个性化，老师或家长要根据儿童的具体情况确定学习时段结束的活动。）

一对一教学

看书

结构化教学不像有些干预方法那样，在学生完成一项活动后，马上就给实物奖励（强化物），而是采取这种"先学习，后玩"的做法，进而形成常规。忍耐力差的学

平板电脑

生可以先尝试只有两个活动的学习时段，如一对一教学和平板电脑，然后再根据学生的情况在两个活动之间增加活动内容。有的学生根本就不在意活动的先后顺序，这就对活动内容和学习材料的趣味性提出了挑战。

一个孤独症谱系障碍学生在校全天的活动可以由多个右侧这样的学习时段构成。

一对一教学

广义的一对一教学通常指一名老师每次只负责一名学生的教学，而在结构化教学中，一对一教学通常指学生在老师的单独指导下，学习新知识和尚未完全掌握的知识。近年来，由于电脑和平板电脑的普及，出现了一些很好的学习软件，因此，一对一教学也增加了一些新的学习项目。

教学内容的确定

孤独症谱系障碍学生一对一教学内容的确定，可以参考以下做法。

个性化的教学内容

在瑞典孤独症训练学校，一对一教学以《训练学校教学大纲》中五个科目的教学内容为基础，并结合学生的具体情况、兴趣和教学目标等制定而成。学习内容通常有语言、数学、沟通、认知和手工精细等能力的学习和训练。孤独症谱系障碍学生一对一教学内容确定以后，特殊教育老师需要组织和制作教学材料，然后根据可视化作息时间表上一对一教学的安排执行教学任务。教学内容和学习材料通常在每周一次的情况汇报会上进行讨论和调整。

以主题形式呈现的教学内容

除了上面提到的个性化的教学内容和学习材料以外，特殊教育老师通常还会制定整个学校学生参与的、以主题形式呈现的教学内容，如对身体的认知、交通安全知识等教学内容，以提高学生的认知水平和适应社会的能力。具体做法是：特殊教育老师从被选定的主题中选取若干个学习方向（见图5-2），然后，根据学习方向并结合《训练学校教学大纲》的主要教学内容确定每个科目的具体教学内容，进而制定出整个学期每个科目每周的教学计划。图5-3是沟通科目以人为主题呈现的部分教学内容和每周教学计划。由于适值学校暑假搬迁和复活节，就把这两部分加进了教学内容中。

因为孤独症谱系障碍儿童个体的特殊性，老师可能需要根据每个学生的具体情况对教学内容进行二次诠释，进而为他们量身定做学习材料。以主题形式出现的教学内容，既可以放入一对一教学和独立学习中，也可以作为单独的活动项目，还可以把一些教学内容放入一对一教学和独立学习中，另一些设立新的活动项目。

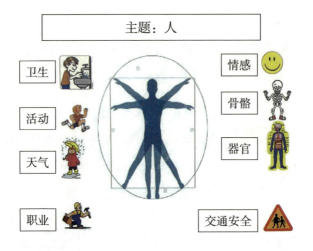

图 5-2　主题和学习方向

学习材料使用建议

　　学习材料是学生掌握学习内容的重要手段。对中重度以上孤独症谱系障碍儿童来说，为掌握知识和技能，他们通常比普通儿童更需要合适的学习材料的帮助。在 S 学校，老师除了根据学生的具体情况为他们量身定做学习材料之外，也会使用或者稍加改造后使用"公共"的学习材料。"公共"的学习材料通常是以前的学生留下的，或是学校购入的教材、练习册等。

沟通		
星期	学习内容	完成结果
4	身体各部位器官的名称	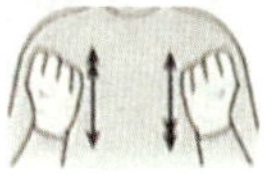
5	感觉训练	
6	儿歌：肩膀、膝盖和脚趾	
7	儿歌：肩膀、膝盖和脚趾	
8	假期	
9	用电脑、棉签或手写名字	
10	社交故事：搬迁到新学校	
11	社交故事：搬迁到新学校	
12	社交故事：搬迁到新学校	
13	社交故事：搬迁到新学校	
14	社交故事：复活节	

图 5-3 教学计划

下面是一些有关学习材料的使用建议：

- 学习材料的主要形式有"手工精细""魔术贴式"和"手写式"等。"手工精细"指的是用于训练学生手指的灵活性和手眼协调能力的教学材料。"魔术贴式"指的是用魔术贴制作的学习材料。在瑞典孤独症训练学校，"魔术贴式"学习材料被广泛地应用。它不但可以使学生反复练习，加深对学习内容的理解，对那些不会或不愿书写的学生也具有无可替代的作用。对于那些认知能力较好、有读写潜力的孤独症谱系障碍儿童，"手写式"练习也要及时地加入。

- 对学生而言，一个好的学习材料应该是个性化的、循序渐进的、有适当挑战的。学习材料难度过大，会使学生产生挫折感；太简单，则难以促进学生进步。

- 针对一次学习活动而言，"手工精细""魔术贴式"和"手写式"学习材料三种形式最好搭配使用。要注意难易的分配，如果有四个作业，最好第一个最容易，中间两个难度大，最后一个也相对容易。

- 当学生完全掌握该学习材料后，就可以把它移到独立学习材料中。

- 为一个学生量身定做的学习材料可以集中到一起，放在学生学习处，便于老师拿取。

学习材料的摆放和拿取

在 S 学校，学习材料通常有两个放置地点：学生日常使用的一对一教学和独立学习材料通常放在学生学习处，方便老师拿取；"公共"学习材料通常放在学习材料室，并按照瑞典《训练学校教学大纲》五个科目的教学内容和难易程度分类。

学习材料如何摆放是结构化教学重要的组成部分之一，因为它不仅涉及学习环境的整齐、有序，同时也涉及学习材料的拿取制度。在 S 学校，有时会出现同一天有不同老师负责同一个学生的情况，为了避免同一学习材料在同一天被重复使用，有必要建立和遵守共同的约定或制度。同时，制度的建立也便于代课老师顺利开展工作。当然，如果老师按照科目从事教学，同一天一名学生只由一名老师负责就不存在这个问题。一般说来，规模越大的孤独症学校，越需要制度，也就越需要结构化教学。下面介绍一下学习材料的两种摆放方法，老师也可以根据自己学校的课程安排灵活处理。

学生学习处学习材料的摆放和拿取

- 假如同一天有两名老师负责同一名学生，把这个学生的一对一教学材料分成两部分，然后分别装入透明塑料收纳盒中。在收纳盒和书橱隔板上进行标注，如图 5-4 中的"米娅一对一教学 1"。把装有学习材料的收纳盒放入带有相同标注的书橱中。学生在执行时间表的时候，老师 1 从标有"一对一教学 1"的收纳盒中拿取学习材料，老师 2 从标有"一对一教学 2"的收纳盒中拿取学习材料。学习结束后，老师根据标注把收纳盒放回书橱中。独立学习等学习材料的摆放也可以采取相同的做法。

图 5-4　学习材料的摆放

- 也可以把一对一教学材料和独立学习材料分别放在两个收纳盒中。在每个收纳盒中，采取从左边拿取学习材料，用完后放到右边，或者从上面拿取学习材料，用完后放到下边的做法。如图 5-5，一对一教学材料（左边）和独立学习材料（右边）分别放到两个篮子中，并用课表图片进行标注。

- 也可以每种教学形式准备两个收纳盒，把学生做完的学习材料放入另一个收纳盒中。如果教室里没有书橱，也可以像图 5-5 一样在墙上安装隔板，用来放置装有学习材料的收纳盒或篮子。

图 5-5　学习材料的摆放和标注

学习材料室"公共"学习材料的摆放和拿取

学习材料室的"公共"学习材料按照瑞典《训练学校教学大纲》的科目和用数字表示的难易程度分类。每个学习材料通常标有科目和难易程度。老师根据学生的需要拿取，用完后按照学习材料上的标注放回有同样标注的收纳盒中即可。

教学指南

一对一教学指南是写给老师的工作指南或注意事项，是结构化教学重要的组成部分，能够让所有老师在和同一名学生工作时尽可能采取相同的工作流程和方法。

图 5-6　学习材料——手工精细

小贴士

汉斯的一对一教学指南

准备：

·提前准备好汉斯的学习材料。注意不要忘了笔和橡皮！

·电脑时间结束后，汉斯要自己关掉电脑。这样做是为了避免他因害怕错过电脑里的故事情节而急急忙忙地学习。

一对一教学：

·一般情况下（音乐和体育课除外），汉斯每天有三次一对一教学时间，学习内容分别是沟通（语言和沟通训练等）、对现实的理解（数学和认知等）以及运动和美学（手工精细等）。

·汉斯每次至少要完成四个作业。

·教师和汉斯坐在一起，在他需要的时候给予他必要的帮助。

·学习材料放在一个标有一对一教学图片的塑料筐里。

常见的问题和解决方法：

·如果教室里有其他人，汉斯不愿意进教室学习，要等到教室里没有人时再让他进去。

·不要"跳过"课表上的活动，这样会造成汉斯的紧张和焦虑，甚至会引发问题行为。

·如果汉斯"罢工"，隔段时间告诉他应该做什么，然后退后，给他足够的时间和空间。

注意事项

- 教学前，老师要事先准备好学习材料和笔、橡皮等辅助材料，以防止老师上课取东西时学生跑掉，同时也体现了老师对学生的尊重。

- 教学中，老师最好坐在学生的对面，这样有利于观察学生的面部表情，在适当的时候给学生提供帮助。但在一些场合，如手工课，面对面坐不利于学生观察和模仿老师的手部动作。一个折中的办法是老师坐在学生的侧面。老师也可以根据教学内容调整座位。结构化教学强调个性化，适合学生的就是最好的。

- 教学中，老师需要给予学生不同程度的辅助。老师对学生的辅助，根据他们对成人的依赖程度从高到低依次是：肢体（手把手）、示范、手势和口头提示。老师对学生的辅助要随着学生对学习材料的掌握程度逐渐降级，直至最后取消。

- 老师需要为学生提供视觉支持和视觉提示，例如，在手工课上，有的学生需要老师事先做好范例。

- 每次学习结束以后，老师最好记录学生学习任务的完成情况，并定期在小组内进行学生情况的交流和评估，以确定下一步的教学内容。

独立学习

独立学习是通过一套结构化的活动系统，让学生独立地完成学习任务。这些学习任务通常是学生在一对一教学或其他活动中已经掌握的知识和技能，目的是使学生进一步理解和巩固所学的知识，并培养他们独立学习等良好的学习习惯。

在 S 学校，独立学习有两种形式，一种是经典的，另一种是任务条式的。这两种形式将在第六章任务 / 活动流程中做详细的介绍。

学习材料

独立学习材料几乎都来自一对一教学，但并不是所有的一对一教学材料都可以成为独立学习材料，如卡片式配对练习。独立学习材料要能清楚地展现学生作业完成的情况，以便使老师了解学生对学习内容的掌握情况。

图 5-7 学习材料

　　图 5-7 是一个非常适合学生独立学习的学习材料，因为它在学生做完作业以后清楚地展现了学习任务的完成情况。这个学习材料目前正处在"待做"状态。

注意事项

- 老师要提前做好独立学习的准备工作。主要包括准备好学习材料和笔、橡皮等辅助材料，确定活动流程和学习材料处在"待做"状态。
- 教学中，老师最好待在学生看不见但又能观察到学生工作情况的地方。
- 如果学生做错了，需要把这个作业重新放回一对一教学材料中。
- 在学习材料的搭配上，要注意做到不同难易程度，以及"手工精细""魔术贴式"和"手写式"的搭配。
- 给学生提供安静的学习环境和足够的学习时间。

第六章　结构化的任务 / 活动流程

概述

"如果可视化作息时间表和结构化的物理环境告诉一个孤独症谱系障碍人士每天的活动顺序以及各项活动的开展地点，那么，在他们进入一项活动的特定区域后，就会有任务 / 活动流程来告诉他应该做什么。任务 / 活动流程能够确保孤独症谱系障碍人士理解任务或活动，确保他们集中注意力，独立地完成任务。"（Mesibov, Shea, &Schopler, 2004）

结构化的任务 / 活动流程是一个组织系统。构建一个结构化任务 / 活动流程需要我们站在学生的角度回答以下四个相关问题：

1. 我需要做什么？也就是说这个活动对我的期望是什么？

2. 我需要做多少？或者需要做多长时间？

3. 我如何知道做了多少？如何知道怎样才算完成？或者什么时候结束？

4. 任务或活动完成后，我需要做什么？

孤独症谱系障碍儿童不同个体之间的智力水平和执行能力有很大的差异，因此，老师和家长需要通过任务 / 活动流程个性化的构建、活动执行过程中的辅助，以及细节的改变帮助（或配合）他们学习和掌握任务 / 活动流程。同时，孤独症谱系障碍儿童也需要经过反复的练习才能独立地执行整个流程。当他们能够独立地执行任务 / 活动流程之后，就可以把更多的注意力和精力放在教学内容的学习上。

一对一教学活动流程

图 6-1　一对一教学场景

学生自己或在一对一教学课表图片的帮助下来到一对一教学活动地点，根据需要把课表图片贴在配对卡上。老师坐在学生的对面（或侧面），拿出事先准备好的学习材料，指导学生学习。学习任务完成以后，学生自己或在提示卡的帮助下回到中转站。提示卡可以事先贴在一对一教学书桌上或墙上由学生自己拿取，也可以由老师在学生学习任务完成后递给他。具体使用哪种方法，取决于学生能否在学习任务完成后主动拿取提示卡。（关注"华夏特教"微信公众号可查看视频演示）

独立学习活动流程

独立学习有很多种呈现方式，下面就介绍两种在 S 学校中较为常见的形式：经典式活动流程和任务条式活动流程。

经典式活动流程

工作场景设置

如果我们想要学生每次完成四个作业，准备好一个至少有两个隔板的开放式书架、一张桌子和一把椅子。一个隔板上放两个作业，根据需要调整隔板的高度。选择四对不同物品的图片，也可以使用不同形状和颜色的图形或数字，具体使用哪种取决于学生的配对能力。将选好的图片剪出、塑封并贴上软毛魔术贴。在书架的一侧立柱或书桌上贴一长条硬毛魔术贴，用来贴待配对图片（参见图6-2）。在每个放置作业的地方所对应的书架隔板上，贴一小条硬毛魔术贴。把四个不同物品的图片分别贴在隔板四小条魔术贴靠左边的地方。根据需要可以在最后一个待配对图片的后面贴上提示卡，以帮助学生在活动完成后回到中转站。

图6-2 经典式独立学习工作场景

学习前的准备工作

- 把学生要做的作业、笔、橡皮等放在隔板上。注意：作业要处在"待做"状态。一些零散的珠子、拼图等小部件要放在盒子中。

- 把图片和提示卡贴在立柱或书桌的硬毛魔术贴上，也可以说把图片和提示卡放在"待配对"状态。

活动流程

以图6-2为例，学生自己或在独立学习课表图片的帮助下来到独立学习书桌前坐下，根据需要把课表图片贴在指定地点。老师在学生看不见但又能观察到学生工作情况的地方进行观察。学生取下书架立柱魔术贴上的第一张图片熊蜂，贴在隔板上的熊蜂图片右边，拿下并完成作业，把做好的作业重新放回隔板上。以此类推，直到完成所有的作业。取下提示卡，回到中转站。
（关注"华夏特教"微信公众号可查看视频演示）

图6-3　处在"待做"状态的独立学习场景

任务条式活动流程

任务条式独立学习活动流程和前面介绍的经典式独立学习活动流程原理
基本相同。根据学生的具体情况，可以使用照片、图片或文字制作任务条。
下面是一个能读写瑞典语、有数量概念的高功能孤独症谱系障碍学生使用的
任务条式独立学习活动流程。

活动流程

以图6-4为例，学生莎莎在固定地点拿写有任务的笔记本和装有学习材
料的文件夹，然后来到独立学习课桌前坐下。莎莎查看她的独立学习任务条，

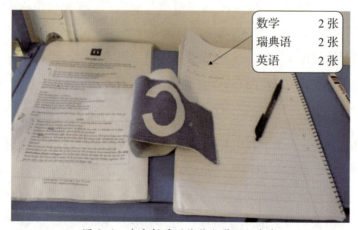

图6-4　由老师手写的独立学习任务条

她需要做两张数学练习、两张瑞典语练习和两张英语练习。莎莎在文件夹中拿出两张数学练习，做完，在任务条上划掉，以此类推，直到完成任务条上的所有作业。

活动流程在集体活动中的应用

结构化的任务/活动流程还可以应用到集体活动中，如有不同项目的体育课、游戏、参观和游览等。孤独症谱系障碍儿童利用课表图片和中转卡等辅助工具找到活动地点，并在老师的帮助下从事集体活动，这对于他们最大限度地减少对成人口头提示的依赖、提高独立性有着重要的意义。结构化的任务/活动流程还可以泛化到其他场合。孤独症谱系障碍儿童一旦在某个场合掌握了这套操作流程，就很容易泛化到另外一个场合。

下面就以万圣节主题手工活动为例介绍一下结构化任务/活动流程在集体活动中的应用。

执行或添加课表图片

根据可视化作息时间表上的教学计划，或者根据需要在可视化作息时间表上添加代表万圣节集体手工活动的课表图片。学生安娜当天的可视化作息时间表如下。

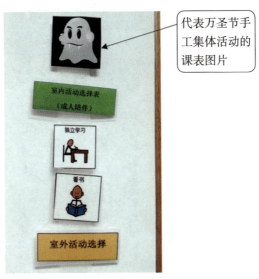

图 6-5 活动的起点——可视化作息时间表（局部）

注意：

- 集体手工活动不要和个人手工活动使用相同的课表图片，以免使学生产生疑惑。
- 老师要事先弄清楚万圣节手工活动的具体时间和内容。

取下中转卡

安娜走到可视化作息时间表前，拿下代表万圣节的课表图片，走向贴中转卡的地方，把手中的万圣节课表图片贴到中转卡万圣节图片的旁边，取下中转卡。安娜拿着中转卡开始寻找活动地点。老师跟在安娜身后，在必要的时候给予辅助。

中转卡上的数字 1、2 意味着安娜将要在两个活动地点"1"和"2"分别做两个手工。在这里，中转卡上的数字"1"和"2"类似图片或符号，并不是安娜完成手工活动的顺序，其实，先做哪个活动对活动的结果不会产生影响。如果学生在数字等抽象符号的配对上有困难，也可以采用颜色、物品或动物图案等代替。

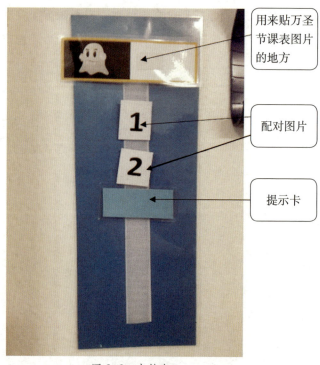

用来贴万圣节课表图片的地方

配对图片

提示卡

图 6-6　中转卡

注意：

- 这里除了配对图片是必备的外，其他两个需要根据学生的具体情况而定。对于那些使用箭头移动式可视化作息时间表的学生，当箭头指向万圣节课表图片时，走向贴中转卡的地方，取下中转卡就可以了。不需要提示卡或者由老师递给提示卡的学生也不必在中转卡上贴提示卡。
- 中转卡要贴在固定的地点。

找到活动地点"1"

在一间教室的门上，贴有一个带阿拉伯数字"1"的塑封 A4 纸，纸上有硬毛魔术贴。安娜把中转卡上的数字"1"贴在魔术贴上，然后进教室做手工。

图 6-7　活动地点"1"

找到活动地点"2"

活动地点"1"手工完成后，安娜找到活动地点"2"，操作方法同上。

注意：

- 如果集体活动有多个活动项目，最好每个活动项目安排在不同的教室。如果场地有限，也可以在同一间教室安排多个活动项目，但每个活动项目都要有固定的地点。在每个活动项目的旁边，放一个类似图 6-7 的塑封纸。活动流程相同。

图 6-8　活动地点 "2"

在提示卡的帮助下回到中转站

安娜完成所有的手工活动后，从中转卡上取下提示卡，回到中转站。安娜把提示卡贴到可视化作息时间表旁边的魔术贴上，把中转卡贴回原来的地方。至此，安娜完成了万圣节集体手工活动的整个流程。

第七章 时间的结构化

时间结构化的重要性

时间概念是一个很大的范畴，它不仅需要人们识得钟表，更重要的是能够利用时间管理人们的日常生活。试想一下，如果我们昼夜颠倒，上班、约会迟到，长时间做自己喜欢的活动而不加节制，那么，我们的生活就会处在失控状态。而无法控制时间，对那些有时间感知和理解障碍，甚至完全没有时间概念的中重度以上孤独症谱系障碍儿童来说非常普遍，由此产生的孩子与老师和家长之间的矛盾冲突，甚至情绪问题也时有发生。孤独症谱系障碍人士需要时间的结构化主要有以下两方面原因。

在时间的理解上存在困难

时间非常抽象，看不见，摸不到，造成了孤独症谱系障碍儿童理解上的困难。一些中重度以上孤独症谱系障碍儿童不知道随着活动的进行时间在流逝，从而造成他们不愿意结束自己喜欢的活动以及在活动转换方面存在困难；还有一些孤独症谱系障碍儿童不明白未来发生的活动需要等待，以及不知道需要多长时间的等待。一些孤独症谱系障碍儿童常常会想到一件事马上就要做，或者认为抓紧做完时间表上的一些活动就到了做他喜欢的活动的时间。例如，一个孤独症谱系障碍儿童认为抓紧做完时间表上的活动就到了吃午饭的时间。因此，他们需要我们有意识地从时间的角度结构化他们的学习和生活，同时通过流程图和可视计时器等时间辅助工具让他们明白一个活动的起始、持续和结束的时间，以消除他们的焦虑情绪，帮助他们平稳、和谐地度过一天。

在时间的运用上存在困难

由于执行功能的缺乏，一些高功能孤独症谱系障碍儿童在计划和组织活动方面存在困难。例如，不能从时间的角度有效地计划和执行一项活动，有时候会发生不能按时完成任务的情况；不能有效地进行日常生活管理，独立生活能力差等。因此，他们或多或少地需要时间管理工具的帮助。

时间结构化的应用

可视化作息时间表

和普通课表一样，可视化作息时间表也是从时间的角度安排和运行的。我们首先从学生一天当中不可更改的时间点出发，如学生上学、上午室外集体活动、午饭、下午餐以及学生放学时间，然后在此基础上安排学生的其他活动内容和顺序。

非自然结束的活动

在 S 学校，学生在从事没有办法计算工作量和不是自然结束的活动时需要可视计时器等时间辅助工具的帮助。这些活动有室内外课间休息和玩电脑、平板电脑等。另外，如厕时间、做饭、烘焙以及一些活动前的等待等也需要时间辅助工具计时。可以计算工作量的活动，如一对一教学、独立学习，以及自然结束的活动，如拼图、穿珠子等，则不需要时间辅助工具的帮助。

流程图

当要去郊游、参观博物馆和看电影等时需要告知学生什么时间出发，持续多长时间以及什么时间结束等信息。可以利用图片等材料制作的流程图清楚地告知学生整个活动的进程。对于没有时间概念

图 7-1　参观博物馆流程图

的中重度以上孤独症谱系障碍儿童，展示活动的进程要比告诉学生还有多长时间或者几点结束更加有效。对于能够识别钟表和有时间概念的学生，家长则可以在流程图上标注活动大致的起始和结束时间。

常用时间辅助工具介绍

下面介绍几种 S 学校经常使用的时间辅助工具。

可视计时器

数字倒计时器（Timstock）

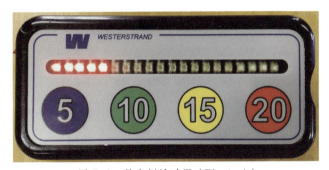

图 7-2　数字倒计时器（Timstock）

数字倒计时器是专门为有时间理解障碍的人开发的一种时间辅助工具。它的优点是可以清楚地显示剩余时间并定点报时，缺点是较贵、不防水、不耐摔。数字倒计时器有 8 分钟、20 分钟和 60 分钟等不同选择。通常使用较多的是可定时 20 分钟的计时器。

使用方法。如果学生小红有 15 分钟课间休息时间，可以这样操作：当着小红的面按下黄色按钮 15，显示屏上出现 15 个红点，代表 15 分钟，同时告诉小红"现在开始计时"。每过一分钟，消失一个红点。还剩 5 分钟时，把计时器拿给小红看，同时口头提醒她"还有 5 分钟"，以便让她对活动的结束有心理准备。当数字倒计时器发出声音时，老师边把它拿到小红面前边告诉她"休息结束，看课表"。小红课间休息结束，走向中转站，进行下一个活动。

视觉倒计时器

图 7-3　视觉倒计时器

同数字倒计时器一样，视觉倒计时器也具有显示剩余时间和定点报时的功能。两者不同的是视觉倒计时器可以精确到分钟。红色的部分显示的是剩余时间。同数字倒计时器一样，视觉倒计时器也有不防水、不耐摔等缺点。瑞典常见的视觉倒计时器品牌为 Time timer，视觉倒计时器在国内也称作厨房用计时器、学生定时器、提醒器等。

使用方法同上。

手机和平板电脑

手机上有很多时间管理软件，如日历、时钟定时、短信提醒、备忘录、录音机等。在平板电脑上可以利用的时间管理软件有日历、提醒事项、语音备忘录和时钟等。

交通信号灯

交通信号灯是一种纸质的时间辅助工具。通过红色箭头在三色交通信号灯之间的移动向学生清楚地显示活动的开始、进行和结束。设置一个黄色的缓冲区域是为了给学生结束活动提供一个心理准备。

与可视计时器相比，交通信号灯具有时间控制灵活和费用低廉的优点，尤其适用于那些有情绪问题、经常损坏可视计时器的孤独症谱系障碍儿童。

式样

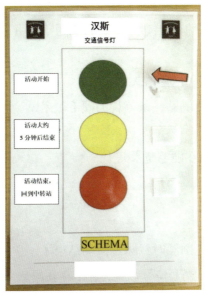

图 7-5　交通信号灯

代表的意义

- 绿色圆圈：活动开始和进行，从活动开始到结束大约 20 分钟的时间，也可以根据需要适当延长和缩短。
- 黄色圆圈：活动大约还有 5 分钟结束。
- 红色圆圈：活动结束，回到中转站。

使用实例

彼得来到可视化作息时间表前移动箭头或拿下课表图片，彼得接下来要做的活动是看电脑短片。彼得拿着交通信号灯走向电脑，老师帮助彼得找到他想看的短片，然后，当着彼得的面，边把箭头移向绿色圆圈，边说"箭头指向绿色，活动开始"。彼得将有 20 分钟的时间看电脑短片。老师也需要同时开始计时。15 分钟以后，老师来到彼得电脑前，当着彼得的面边把箭头移向黄色圆圈，边说"箭头指向黄色，活动 5 分钟后结束"。又过了 5 分钟，老师当着彼得的面，边把箭头移向红色圆圈，边说"箭头指向红色，活动结束，看作息时间表"。彼得停止玩电脑，走向中转站，进行下一个活动。

制作

- 在电脑上做出交通信号灯和若干红色箭头并打印，也可以采用手画的方式或直接从"华夏特教"微信公众号下载并复印交通信号灯模板和红色箭头。
- 塑封交通信号灯和红色箭头。
- 在三个圆圈的右侧贴一条等长的硬毛魔术贴。在塑封后的箭头背面贴软毛魔术贴。
- 把红色的箭头贴在硬毛魔术贴上。
- 制作完成。

使用注意事项

- 当箭头指向红色圆圈时意味着活动结束了，学生应该立即停止正在进行的活动，否则交通信号灯就失去了存在的意义。
- 交通信号灯存在的意义是老师或家长控制时间，而不是学生或者电视节目的长短控制时间。从这个意义上讲，交通信号灯比可视计时器要灵活一些。
- 如果学生开始活动的时候，老师或家长忘了使用交通信号灯，那么，即使时间紧迫，也不要把箭头一下移到指向黄色圆圈或红色圆圈的位置，因为这样做无异于激怒学生，应该从指向绿色圆圈开始，并缩短移动箭头的时间间隔，学生通常不会感觉出来。
- 为了防止交通信号灯和箭头损坏或丢失，一次可以多做几个。

记事簿

表 7-1　记事簿

2019 年 6 月 3 日～6 月 9 日　　　　　　　　　　　　　第 23 周

3 日 星期一	4 日 星期二	5 日 星期三	6 日 星期四	7 日 星期五	8 日 星期六	9 日 星期日
1. 复习数学课本第四单元 2. 做数学练习册 21—23 页练习	1. 交英语作业 2. 做语文练习册 23—25 页练习	1. 复习星期五的语文第三单元小测验 2. 交数学作业	1. 体育课，带球鞋 2. 复习下周三的英语第四单元小测验	1. 郊游，带饭 2. 交作业		

　　对于计划性和组织能力差、经常忘记要做的事的高功能孤独症谱系障碍儿童，使用记事簿是一个很好的办法。教儿童记下需要做的家庭作业、交作业、考试和其他活动的截止日期。帮助儿童养成定期查看记事簿的习惯，并逐步培养儿童的自主性和独立性。

　　表 7-1 是作者为清楚起见用电脑做的记事簿样本，家长可以在文具店买现成的记事簿。瑞典习惯用周历，这样一周的活动一目了然。家长可以根据儿童的需要选择日历、周历或月历。

第八章 学习材料的结构化

　　瑞典孤独症训练学校执行瑞典教育部颁发的《训练学校教学大纲》，但教学大纲并没有配套的课本和教材。特殊教育老师有时会购买一些普通学校低年级或专门为智力障碍儿童编写的教材和学习材料，但大多数时候，老师会根据每个学生的具体情况为他们量身定做学习材料。

　　学习材料在投入使用以后，老师们要对学习材料的使用情况进行定期评估，以确定学习材料的难度是否符合学生的实际水平，以及下一步要采取的措施。

设计原则

　　学习材料的结构化是结构化教学的重要组成部分。好的教学材料可以提高学生的认知、理解和泛化能力，是孤独症谱系障碍儿童学习知识和技能的重要手段。设计结构化的学习材料应遵循以下原则。

个别化

　　学习材料要从个体不同领域的发展水平出发，学习要更多地建立在发展个体的强项、兴趣，而不是训练他的弱项上（Tranquist, 2006）。通常情况下，特殊教育老师会根据学生感兴趣的主题、实际能力以及教学大纲的要求设计和制作学习材料，例如，一个孤独症谱系障碍学生喜欢汽车，那么，我们就可以利用汽车这个主题设计和制作一些练习。

实用性

学生所学的东西要有实用性。例如，语言的学习。首先，我们要教孤独症谱系障碍儿童那些对他们有意义、与他们的生活休戚相关的物品和活动的名称，如儿童喜欢的食品和玩具的名称以及吃饭、上厕所、喝水和关门等活动的名称，然后，再慢慢扩大到其他物品和活动的名称。

图 8-1　认物、识字卡片

使用图片是一个非常好的训练方法。一套正面是图、背面是词语的图片可以做很多练习，如发音练习、识物练习、图片与图片的配对练习、图片与词语的配对练习、认识和书写字或词语练习、相关联物品配对练习，以及物品分类练习等。

脚手架式教学

有认知障碍的孤独症谱系障碍儿童在学习上的进步极少是跳跃式的。因此，新的学习材料要搭建在学生已经掌握的内容基础上。在设计和制作新的学习材料时，注意不要同时引入过多变化，最好每次只引入一个新元素。这样，学生已经掌握的知识和技能就会成为他们构建新能力的"脚手架"。

多样性

学习材料的多样性包含两方面的内容。一方面指学习材料材质的多样性，如用各种材料制作的手工精细练习，用塑封纸和魔术贴制作的各种练习，用于书写、阅读的各种纸质学习材料，以及平板电脑上的各种练习等；另外一方面，学习材料的多样性指围绕同一学习点或主题，设计和制作不同类型的学习材料，如在训练学生手部精细动作能力时，可以设计制作各种手工精细学习材料，以及进行画画、穿珠、拼图和折纸等手工活动。这样做不但有助于提高学生的泛化能力，同时，也不至于使学习变得枯燥无味。

明白易懂

通常情况下，孤独症谱系障碍儿童在明白他人的期望上或多或少有困难，所以，对于一个刚开始接受训练的中重度以上孤独症谱系障碍儿童，一个学习材料最好只有一个训练目标。训练目标过多，容易使他们产生疑惑。如图8-2 中，插木棍处所涂的黑圈和事先穿好的木球起到了视觉提示的作用，告诉孤独症谱系障碍儿童这个教具对他的期待是什么。

图 8-2 手工精细——穿插练习

对于那些认知能力较好的孤独症谱系障碍儿童，他们的学习材料可以有多个训练目标。如果一个学生的学习材料有多个训练目标，最好写出所有的训练目标以便针对每个训练目标进行评估。

设计结构化学习材料应该考虑的因素

我们刚刚谈到了结构化学习材料的设计原则，那么，设计一个具体的学习材料，应该考虑哪些因素呢？

这个学习材料的训练目标是什么

确定训练目标。首先，我们要根据《训练学校教学大纲》的主要教学内容确定训练目标，然后才会有目的地寻找、设计和制作学习材料。例如，学生小钱的一个训练目标是：学会用图片做配对练习。

如何做才能使学生达到这个训练目标

根据学生的具体情况设计和制作学习材料。首先，我们需要了解小钱的具体情况，如兴趣爱好、手工精细能力，以及是否有图片的识别能力等。然后，从她最感兴趣的天线宝宝着手，设计和制作学习材料。从只有两对图片的叠放式配对（如图 8-15），到平行式配对（如图 8-16），再到一些其他主题的配对练习，同时增加配对图片的数量。

如何使学生明白我们的期望

采用桌面一对一教学。把底图放在小钱的面前，然后分次把图片递给他，每次递一张。如果小钱做对了，老师给予鼓励；做错了，老师立即把图片放到正确的地方。教学过程中，老师要在必要时给予手把手、口头提示等辅助。

如何知道学生达到了这个目标

进行能力测试。拿一些小钱从来没做过的图片进行配对练习，如果她能够独立完成，就说明她明白了如何进行图片配对。

学习材料的制作方法

西蒙，8 岁，有孤独症谱系障碍。西蒙喜欢看动画片，据此，我们做了以下配对练习。

下载（或拍摄）、编辑、打印

从网上下载或者拍摄西蒙喜欢的食品、玩具或者动画片里的卡通人物，在办公软件里进行编辑并打印。根据学习材料的分类标准，对学习材料进行标注，例如，沟通——配对 1。（学习材料的分类和标注也可以省略）

图 8-3　下载、编辑和打印

图 8-4　剪出图片

剪出图片

把打印出来的图片剪下来。

注意：

- 不要先塑封后剪出图片，而是要先剪出图片后塑封，这样处理的图片美观且经久耐用。

- 对学习材料耐用性要求不高的读者，也可以跳过剪出图片步骤，直接塑封图 8-3 中打印出来的学习材料并将其中的图片剪出，接下来的其他步骤不变。

放入塑封纸

把剪下来的图片放入塑封纸。

注意：

- 摆放图片时，图片之间要留有足够大的距离。如果图片摆放距离过近，塑封后剪出图片时容易损坏图片。

- 摆放图片时，每张图片背面要涂一点胶水，以防塑封时图片滑动。

图 8-5　放入塑封纸

图 8-6　塑封

塑封

塑封图片，同时塑封一张空白 A4 纸作为底图。塑封时，选择最高温度，这样塑封出来的图片硬度好。

剪出塑封后的图片

剪图片时，不要离图片边缘太近，这样处理的图片经久耐用。

贴魔术贴

在塑封后的底图上贴硬毛魔术贴。在塑封后的图片背面贴软毛魔术贴。在底图图片的下方贴一长条硬毛魔术贴作为"停车场"，用来放置待配对图片。

图 8-7　剪出塑封后的图片

图 8-8　贴魔术贴

完成

图 8-9　学习材料处在"待做"状态

（关注"华夏特教"微信
公众号可查看视频演示）

结构化学习材料实例介绍

手工精细练习

手工精细练习主要训练孤独症障碍儿童手指的灵活性和手眼协调能力。除此之外，针对不同的学习材料还有不同的训练目标。

物品放入练习

在结构化教学中，单功能的物品放入练习通常是孤独症谱系障碍儿童进行的第一个训练项目。单功能指的是学习材料只有一个训练目标。对初学者来说，单功能学习材料最大的好处是永远不会做错，这就有效避免了孤独症谱系障碍儿童在训练中产生疑惑和挫败感。

"如果罐子的顶端只有一个投入口，那么，儿童就很容易明白从什么地方投入东西。"（Kerry, 1997）

图 8-10 单功能 "物品放入练习"

物品放入练习和配对、分类练习，被克里·霍根（Kerry Hogan, 1997）称作非口语视觉思维练习，主要训练视觉思维的合理性和逻辑思维能力。

穿珠练习

图 8-11 穿珠练习

图 8-11 练习中的珠子没有颜色区分，主要训练学生的手指灵活性和手眼协调能力。另外，我们还可以通过珠子颜色、数量和形状的调整，训练学生颜色和形状的识别能力以及数量的概念。

图 8-11 中，左边用来穿珠子的叫烟斗通条。烟斗通条中间有金属丝，外面有塑料毛。因为它非常容易使用和塑形，且有多种颜色，多用于学生手工制作。孤独症学校制作学习材料时也经常使用烟斗通条。

配对练习

配对练习不仅训练学生的手工精细、观察和认知能力，同时也为学生未来从事简单的挑选和分类工作做准备，如物品的分类和货物的清点、上架等工作。另外，配对还被广泛地应用在结构化教学中，从可视化作息时间表登记式操作流程，到结构化的任务／活动流程，都要求学生有配对能力。

实物配对练习

图 8-12　拼图

图 8-13　配对练习

图 8-12 是只有一块的拼图，是以训练学生手工精细和拼图技能为目标的实物配对练习。

图 8-13 是一个具有实用意义的配对练习，可以用作学生个人生活技能方面的训练。

图 8-14　手工精细＋配对练习

图 8-14 是一个与手工精细练习相结合的配对练习，可同时训练学生的手工精细能力与配对能力，难度较大。

图片配对练习

以手眼协调能力和配对概念为主要训练目标

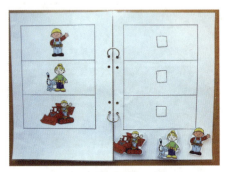

图8-15　叠放式配对练习　　　　　　　　图8-16　平行式配对练习

图 8-15 是只有两对图片的叠放式配对练习。叠放式配对练习，顾名思义就是把待配对图片叠放到相同的图片上面。为了避免破坏图片的整体效果，我们也可以把魔术贴贴在图片一角。

图 8-16 所示为平行式配对练习。平行式配对练习就是把待配对图片放到相同图片的旁边。同叠放式配对练习相比，平行式配对练习相对难理解一些。

以观察能力为主要训练目标

当配对的图片增加到一定数量，配对练习的主要目标就转为培养学生对细节的观察能力。知道两个物体的相同性和差异性是孤独症谱系障碍儿童的一个非常重要的能力。

图8-17　配对练习　　　　　　　　　图8-18　配对练习——看牙医

图 8-17 的配对练习主要培养学生对细节的观察能力。也可以做成图 8-18 的形式，学生需要翻页才能配对。图 8-18 其实也是一个看牙医的流程图。学生可以通过流程图了解看牙医的整个流程。

以认知能力为主要训练目标

只要经过大量的练习，大多数孤独症谱系障碍儿童都能学会相同图片的配对，但对于图片不同、图片上的物品有关联的配对则需要一定的认知能力，因为他们需要透过物品的表面现象看到两者之间的内在关系。例如，图 8-19 是以认知能力为主要训练目标的配对练习，如果学生做这个练习有难度，也可以在左边的图片中带有右边图片的元素，如用大象或长颈鹿的图片代替右图中的斑马，指导学生观察视觉线索。

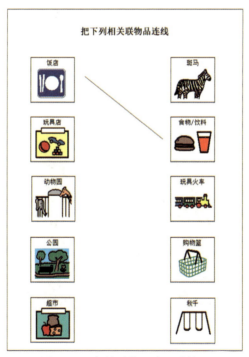

图 8-19　相关联物品的配对练习

数量练习

下面通过 5 以内的数量练习，介绍如何围绕同一知识点设计和制作多种学习材料。

数量概念的学习（吸铁石）

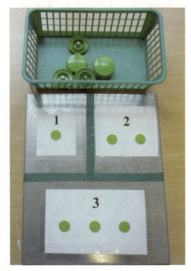

图 8-20　3 以内数量练习

图 8-20 是用吸铁石制成的数量概念学习材料，其中的圆点用作视觉提示。

数量概念的学习（魔术贴）

图 8-21　3 以内数量练习

图 8-22　3 以内数量练习（加深版）

图 8-21 是利用魔术贴设计制作的学习材料。注意图中数字和圆片的颜色。即使学生没有数量概念，也会因为有颜色的识别能力做对这道练习。

图 8-22 是图 8-21 的加深版，去掉了颜色的解码功能。学生需要通过反复练习和记忆图 8-21 中的学习材料理解和完成这个练习。

数字和数量的配对练习（图片）

图 8-23 3 以内数量练习

图 8-23 的练习其实也是一个配对练习，只是呈现的方式与前者不同。

数量练习

图 8-24 5 以内数量练习

图 8-24 的练习要求学生按照纸板上的数字在烟斗通条上穿上相同数量的珠子。可以通过变换数字和珠子的颜色、大小、品种等做拓展练习。对于刚刚接触数量练习的孤独症谱系障碍儿童，可以根据需要在碗中放置和数字等量的珠子。

利用平板电脑进行的数量练习

随着平板电脑的普及和软件的开发，出现了一些可在平板电脑上使用的很好的学习材料。老师和家长们可以多关注并加以利用。

图 8-25　5 以内数量练习

数一数，连一连

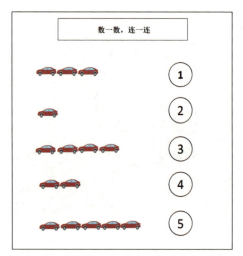

图 8-26　5 以内数量练习（汽车图片由张婧莘绘制）

如何围绕教学目标量身定做学习材料

结构化教学包括两方面的内容，一是通过对环境的改变，提高孤独症谱系障碍儿童对环境的理解和适应能力；二是通过教学与训练，提高个体的能力和技能。对孤独症谱系障碍儿童能力和技能的教学与训练，必须基于科学的评估，并确定长期和短期训练目标。S 学校的特殊教育老师每学期从《训练学校教学大纲》每一个科目的主要教学内容中，根据学生的具体情况，选择一个作为本学期的教学目标。教学目标的制定，对于学生的学习具有指导性的意义。有了明确的学习目标，就需要有与之相配套的教学材料和实施计划。接下来就以 14 岁孤独症谱系障碍女孩米娅为例，介绍一下如何根据学生的具体情况，围绕教学目标设计教学材料和实施教学计划。

> 米娅是一个 14 岁的女孩，但智商仅相当于普通儿童 1 岁半左右的水平。米娅有孤独症和极重度智力障碍，抽象思维能力严重缺乏。米娅没有口语表达能力，仅有非常有限的语言理解能力。米娅性格活泼、开朗，喜欢听音乐、跳舞，以及看天线宝宝等动画片。

美学：根据琴谱弹奏儿歌

本学期米娅的美学科目教学目标是在琴谱和老师的帮助下，学会弹奏儿歌《慢慢走》(Lunkapå)。

图 8-27　电子琴和琴谱

如图 8-27，老师将电子琴用和琴谱相同的符号标注。为了能够弹奏这首歌，米娅需要在电子琴上找到和琴谱相同的符号，然后弹奏。这就要求米娅能够进行形状和颜色的配对。米娅不会配对，为此，特殊教育老师设计和制作了一些颜色和形状的配对练习以及含有少量音符的琴谱。(如图 8-28 和图 8-29)

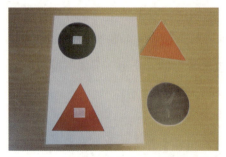

图 8-28 米娅的配对练习——颜色和形状

图 8-29 只含两个音符的琴谱

期末评估结果：经过反复练习，米娅学会了我们制作的配对练习，但是在学习弹琴时，无论怎么对她进行肢体辅助和示范，米娅始终都没有明白要按照琴谱弹琴。

沟通：学会执行时间表和使用沟通板（选择板）

本学期米娅在沟通科目的教学目标是学会执行可视化作息时间表，使用沟通板（选择板）和电脑节目选择板。

（1）老师用手点击图 8-30 中时间表上的课表图片，米娅也跟着用手点击，然后执行课表图片代表的活动。当米娅点击完课表图片"选择"后，要主动走到选择板前。

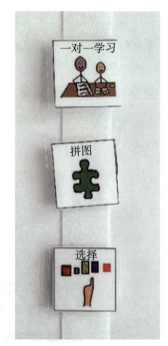

图 8-30 米娅的可视化作息时间表
（第三张课表图片为"选择"）

（2）米娅需要先用手点击图 8-31 中左面第一行"jag vill"（我想），然后点击右面她喜欢的活动。米娅通常会选择电脑。通过沟通板（选择板），米娅可以向外界表达她的一些意愿。

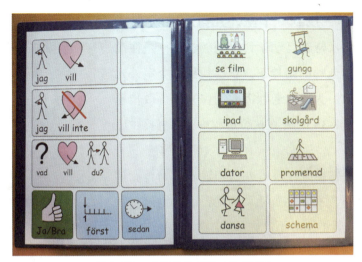

图8-31　米娅的选择板（沟通板）

（3）如果选择了电脑，米娅需要主动走到电脑节目选择板前（如图8-32），通过用手点击的方式，告诉老师她想看的短片。老师应该立即满足她的要求。

图8-32　米娅的电脑节目选择板

期末评估结果：经过训练，米娅基本可以独立地完成以上所有的步骤，但活动和短片的选择较为单一。

运动学：找到一个室外儿童活动场地

本学期米娅在运动学科目的教学目标是在散步流程图和老师的陪伴下，自己找到一个室外儿童活动场地。为此，老师需要制作并准备散步流程图（如图 8-33），并在执行过程中为米娅提供适当的辅助。

期末评估结果：没有办法知道米娅是否能够自己找到那个室外儿童活动场地，因为她只有在老师边歌边舞的引导下才去那里。

日常活动：剪指甲

本学期米娅日常活动科目的教学目标是不再惧怕剪指甲。米娅对剪指甲异常恐惧，为了能给米娅剪指甲，特殊教育老师实施了如下计划：米娅每周有三次剪指甲活动。第一步是用锉刀磨指

图 8-33　米娅散步流程图

甲。如果米娅做到让我们把她所有的指甲都磨一遍，就可以得到半杯可乐。第二步再慢慢尝试用指甲刀剪指甲。

期末评估结果：老师可以用锉刀磨她的指甲，但是米娅一看到老师拿起指甲刀就吓跑了。教学目标完成了第一步。

对现实的理解：明白因果关系

明白因果关系是孤独症谱系障碍儿童重要且有实用意义的能力，例如，根据天气的变化选择合适的衣服，口渴喝水和饿了吃饭等。另外，明白因果关系也可以使孤独症谱系障碍儿童明白他们的语言和行为是可以影响他人的，从而有助于提高他们沟通和社交的主动性。

本学期米娅的对现实的理解科目的教学目标是通过沟通科目中使用的沟通板和电脑节目选择板，明白原因和结果之间的关系，明白她的行为是可以影响到他人的，进而发展自主沟通能力。实现此教学目标所需的学习材料与沟通科目相同，在此就不赘述了。

期末评估结果：米娅在视觉化活动图的帮助下完成了教学目标。

小贴士

选择板

选择板是沟通板的一种形式，它帮助语言障碍人士在照片、图片和视觉沟通符号等视觉支持下选择自己喜欢的活动、食物和玩具等。孤独症谱系障碍儿童有选择的权利，并且能够根据自己的喜好进行选择。为有语言障碍的孤独症谱系障碍儿童提供选择板主要有两个目的，一是为他们提供活动选项，避免他们只从事一种或几种活动的刻板行为；二是培养他们根据自己的喜好进行选择的能力。这样就可以有效地避免他们通过极端的方式表达自己的诉求，同时，也让他们对自己的生活有了一定程度的把控。

可以通过增加、拿掉图片的办法调控选择板上的活动内容。如果出现孤独症谱系障碍儿童连续多次都选择同一个活动的情况，那么就可以考虑减少这个活动在选择板上出现的频率，以免出现该活动"竞争掉"选择板上其他活动的现象。但在做这件事之前，要确保选择板上还有儿童可以接受的活动，同时，也要对他可能出现的情绪问题做好充分的思想准备。其实，最好的办法是培养孤独症谱系障碍儿童多方面的兴趣和爱好，不能只满足于他们单一的兴趣和爱好。

在有很多选项的选择板中，如果活动是自然结束的，如拼图和游戏，最好在第一次活动或每次活动前规定儿童的选择数量。活动数量确定之后，要严格执行这个数量，否则会造成孤独症谱系障碍儿童的困惑。如果选择板提供的活动不是自然结束的，那么可以用可视计时器或交通信号灯控制活动时间，不必规定选择数量。

选择板上的活动、食物或玩具等应该是老师或家长能够提供的。可以把备用图片放在选择板的背面。

选择板有不同的形式和难易程度，可根据学生的具体情况制作个性化的选择板。右图是一个在现实中使用的室内课间活动选择板。与图 12-1 右边的选择板相比，右图和图 12-4 操场活

动选择板比较容易理解和操作。其操作流程如下：当可视化作息时间表上出现室内课间休息时，学生来到选择板前，拿下他喜欢的活动，递到老师手中。然后，在老师的帮助下进行他选择的活动。想要了解更多有关选择板的信息，请参考图片交换沟通系统的相关内容。

第九章　可视化作息时间表

可视化作息时间表的定义

可视化作息时间表是结构化教学的核心，它视觉化地展示了一个班级或一个孤独症谱系障碍儿童一段时间内的活动内容和顺序。在瑞典孤独症训练学校，一个孤独症谱系障碍儿童一天的活动都是围绕时间表进行的。当孤独症谱系障碍儿童开始接受结构化教学干预时，通常都是从学习使用可视化作息时间表开始，然后再慢慢过渡到学习结构化教学的其他内容。

一个量身定做、在现实中起作用的可视化作息时间表对孤独症谱系障碍儿童，尤其是中重度以上孤独症谱系障碍儿童来说至关重要，主要原因如下。

加强行为管理，减轻记忆负担

一些中重度以上的孤独症谱系障碍儿童缺乏自我管理能力，需要时间表给他们提供活动内容和规范。同时，语言理解和沟通方面的障碍又使他们不能像普通儿童一样执行老师或家长的口头指令或者使用文字构成的时间表。因此，他们需要可视化作息时间表告知他们一天的活动内容和顺序。对高功能的孤独症谱系障碍儿童来说，他们虽然有听、说的能力，但在幼儿园和小学低年级阶段，仍建议使用可视化作息时间表，以减轻他们的记忆负担，使他们能把更多的精力和注意力用在其他更加需要的地方。

增加安全感

可视化作息时间表使孤独症谱系障碍儿童一天的活动内容和顺序更加明确和具体，让他们对即将发生的活动有基本的把控和心理上的准备，减少了紧张和焦虑。对中重度以上孤独症谱系障碍儿童来说，可视化作息时间表的可预知性为他们在变幻莫测的世界里带来了安全感。

增加灵活性

因为可以预知，所以可以更改。由于不知道因果关系，一些孤独症谱系障碍儿童感到这个世界极其混乱。为了使周围的世界变得有规律可循，他们常常会"发明"一些在普通人看来奇怪的规程，然后"固执"地遵循它们。可视化作息时间表为他们提供了每天的活动内容和顺序，为他们灵活性的培养创造了条件。因为他们能够通过可视化作息时间表的变化，预先了解活动的变化，从而避免过度依赖记忆和自己总结出来的一套规程。

培养独立性

作为一个可复制和移植的管理系统，可视化作息时间表可以较容易地泛化到学校以外的场合，为中重度以上孤独症谱系障碍儿童未来的生活提供可以依赖的框架。这对于他们最大化地实现独立，减少对父母的依赖起着积极的作用。对于高功能孤独症谱系障碍儿童，记事簿和电子化时间管理软件可以帮助他们规划和管理日常的学习和生活，以减少他们由于执行功能缺乏带来的生活混乱状态。

可视化作息时间表的基本要素

可视化作息时间表包括四个基本要素：可视化作息时间表的构成方式、呈现方式、承载方式和操作流程。孤独症谱系障碍儿童个体之间的差异性要求老师和家长为他们量身定做可视化作息时间表。一个实用的可视化作息时间表应该是结合孤独症谱系障碍儿童的个人情况综合考虑四个要素的结果。

构成方式

可视化作息时间表上的图片叫作课表图片。一张课表图片代表一个活动。可视化作息时间表可以由实物、照片、手绘图、图片、视觉沟通符号和文字单独或以组合的形式构成。其实，就课表图片本身而言，它只是一个符号，符号背后所代表的活动和行为才是重点。尽管对普通人来说，使用什么课表图片无关紧要，但对于孤独症谱系障碍儿童，尤其是对初学结构化教学、中重度以上的孤独症谱系障碍儿童来说，由于抽象概念和符号理解上的困难，他们并不能或不全能理解与识别除实物之外的课表图片。为了尽可能独立地执行时间表，需要孤独症谱系障碍儿童知道每个课表图片所代表的活动内容、活动地点和活动要求，并且要在时间表执行过程中始终处于主导地位。

实物

对于伴随重度、极重度智力障碍，完全不能识别抽象符号的孤独症谱系障碍儿童，可以直接使用实物或选取相关物品代表一个活动，如勺子代表吃饭、尿布代表厕所、鞋子代表出去等。一个实物只能代表一个活动，例如，我们不能用同一个书包既代表去学校又代表去游乐场，但我们可以用不同款式或颜色的书包代表不同的活动。同实物相比，照片、图片和视觉沟通符号具有无法比拟的优势，如携带方便、表现范围广（一些活动很难用实物表示出来）等，同时，使用图片、照片和视觉沟通符号还可以摆脱孤独症谱系障碍儿童对熟悉的人和环境的依赖，增强独立性。所以，当孤独症谱系障碍儿童建立起实物与活动之间的联系后，就可以尝试用照片或图片替换实物。具体做法是：在给学生展示实物的同时展示代表实物的照片或图片，然后再慢慢撤销实物。

需要注意的是，如果一个伴随中重度以上智力障碍的孤独症谱系障碍儿童不能执行由图片或视觉沟通符号构成的时间表，那么，极有可能是因为他无法识别课表图片或者不明白课表图片代表的含义。这时，老师或家长应

图 9-1　一个由实物构成的时间表

退后一步或两步，尝试让他们执行由照片或实物构成的时间表，训练他们把课表图片与活动内容、地点和要求联系起来。

操作流程：根据学生的具体情况，可以采用把实物直接拿到活动地点或用手点击实物，然后执行该活动的方法。

照片

同前面介绍的实物相比，照片具有携带方便，表现范围广的优势。与图片相比，在学校或家里拍摄的实物、场景和活动等更加具体、形象，容易理解，但照片也会使一些孤独症谱系障碍儿童过分专注细节，而忽略照片所代表的符号意义，例如，如果家长用自己拍的红球的照片代表玩球活动，那么，孩子可能会认为玩球时只能使用红球，使用其他颜色的球都是"错误"的，所以，在选择代表活动的照片做课表图片时要慎重。将活动地点的图片和时间表配合起来使用是一个很好的办法。如图9-2，时间表清楚地表明了活动发生的地点。

星期一 3月3日　时间表

8：00 语言课（大课）

8：30 课间休息

9：00 数学课（一对一）

图 9-2　一个由文字和照片构成的时间表

手绘图

在 S 学校，把手绘图作为课表图片只用在紧急需要等极少的场合，主要原因是手绘图不利于泛化。当然，手绘图可以用在老师或家长向学生解释活动的内容和顺序、布置任务等场合，边说边画的方式具有易于理解、方便快捷等优势，同时也有利于孤独症谱系障碍儿童多种沟通方式的培养。

图 9-3　一个由手绘图构成的时间表

图 9-3 中，家长利用手绘图向孩子讲解出差的过程。④代表 4 路公共汽车，TÅG 是瑞典语火车的意思，家长出差的城市是斯德哥尔摩。（本图由浩淳提供）

图片和视觉沟通符号

图片通常来自网上下载、书本复印或者购买。与照片的具体形象相比，图片更加抽象，因此，可以代表不同颜色、大小和形状的同一类事物。但就可泛化性来讲，图片不如视觉沟通符号。

视觉沟通符号指的是某些权威机构或者商业公司开发的专门作为图片沟通工具的符号，是图画形式的文字，可以应用在不同的场合。使用视觉沟通符号带来的优势在一个孤独症服务体系完善的国家表现得尤为突出。孤独症谱系障碍儿童不管在学校、家里、喘息中心还是青少年活动中心都使用相同的符号，可以极大地减轻他们的记忆负担，降低管理成本。

目前，瑞典孤独症训练学校和设在普通学校的融合小组普遍使用由瑞典国家特教局开发和推广的黑白象形图（Pictogram），同时，也会根据学生的需要用照片、图片和文字等作为补充。有极少一部分学生使用由实物和文字构成的时间表。

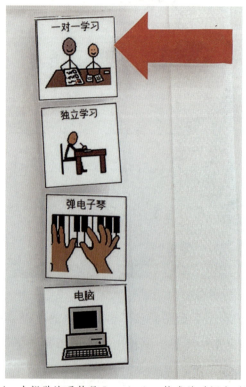

图 9-4　由视觉沟通符号 Boardmaker 构成的时间表（局部）

文字

有阅读能力的孤独症谱系障碍儿童可以使用由文字构成的时间表。

图 9-5 所示的时间表上的活动内容如下：

上午在校活动是：周课表、胃饲、如厕、一对一教学、拼图、用平板电脑学习、电子琴、室外活动、如厕、一对一教学、用平板电脑学习、感官教室、拼图、家长联系手册、如厕和洗手、午餐、课间休息、胃饲、课间休息、画画。

下午课外活动是：室外活动、拼图、手工活动、选择、如厕、感官室、室内休息、下午加餐、穿珠子、如厕、休息、校车。

图9-5 一个由文字构成的时间表

呈现方式

基于孤独症谱系障碍儿童的理解和执行能力，根据一次呈现的课表图片数目的不同，可视化作息时间表有三种呈现方式：一次呈现一张课表图片、一次呈现一个学习时段和一次呈现多个学习时段，也就是一段时间的活动。除此之外，可视化作息时间表还可以采取自选式和便携式。

一次呈现一张课表图片

图 9-6　一次呈现一张课表图片的时间表

图 9-6 中，左边绿色的卡片为提示卡。这种时间表非常适合那些伴随中重度以上智力障碍、不明白需要按照课表图片先后顺序执行时间表，或者看到时间表上有很多活动就非常焦虑的孤独症谱系障碍儿童。

一次呈现一个学习时段

图 9-7　一次呈现一个学习时段的时间表

图 9-7 是一次呈现一个学习时段的时间表，操作流程如下：学生拿下课表图片，放入左边的布袋中，然后执行课表图片所代表的活动。

一次呈现多个学习时段

我们在前面已经接触过呈现多个学习时段的可视化作息时间表（如图 5-1），这里不再赘述。这种呈现方式多采用箭头移动式操作流程，但并不是所有的孤独症谱系障碍儿童都能够理解和执行这种操作流程，如有的学生不能主动移动箭头；有的虽然能够移动箭头，但并不明白箭头所指的就是他将要进行的活动。而采用登记式操作流程又会使图片散落在各个活动地点，图片的回收和重置费时费力。一个很好的解决办法是，学生把课表图片按照顺序贴到另一张空白的塑封纸上，然后执行刚刚移动过去的课表图片所代表的活动。

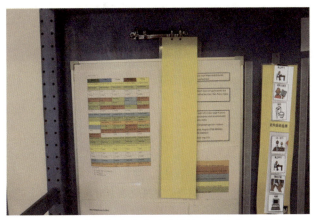

图9-8　一次呈现多个学习时段的可视化作息时间表

图9-8是一个呈现多个学习时段的可视化作息时间表，操作流程如下：学生把右边可视化作息时间表上的第一张课表图片"独立学习"移到左边空白塑封纸上，然后执行该活动，活动完成后回到时间表前，移动第二张课表图片"老师读书"，以此类推，直到完成时间表上的所有活动。

便携式

可视化作息时间表通常被放置在中转站，但有的时候，由于学校物理环境的限制，或者学生本身在活动转换方面存在的困难，为避免频繁地从活动地点回到中转站，老师也可以随身携带可视化作息时间表。与固定在中转站的时间表相比，便携式时间表具有方便、灵活的优势，尤其适用于那些有严重沟通障碍和情绪问题的中重度以上的孤独症谱系障碍儿童。

图9-9中，左侧为米拉午餐后使用的时间表，由老师随身携带。备用的图片可以放在时间表的背面。右侧是供有严重沟通障碍的孤独症谱系障碍学生使用的，兼具沟通板功能的便携式时间表。该时间表每次呈现一张课表图

片。最后一张图片的背面可以作为沟通板，放置几张对学生来说重要的活动的图片，如喝水、上厕所。

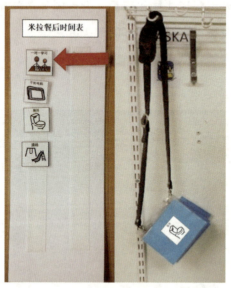

图 9-9　便携式可视化作息时间表

自选式

自选式时间表是让学生自主选择一段时间内的活动顺序。自选式作息时间表适合有一定认知能力的孤独症谱系障碍儿童。自选式时间表可以提高儿童的自我意识和独立性，也让儿童对自己的生活有一定程度的把控。自选式作息时间表对儿童的认知能力有一定的要求，主要是因为自选式时间表可能只用在一定的场合，需要儿童有一定的认知能力理解特定行为和特定场合的关系。同时，会选择，理解选择带来的结果也需要一定的认知能力。特殊教育老师可根据学生的具体情况确定可选择课表图片的内容和数量，可以从一个学习时段开始，然后慢慢增加图片的数量。

自选式作息时间表的呈现形式如图 9-10，操作流程如下：在自选式时间表最下边的魔术贴上准备好代表活动的课表图片和一个箭头，事先放置好学生不可以变动的课表图片，这个活动通常是学生喜欢的活动。然后让学生自由选择魔术贴上活动的顺序，并贴到时间表上。要求学生把箭头放在对着第一个活动的地方，按照箭头移动式操作流程执行时间表，也可以根据学生的具体情况采取更加灵活的工作方式，但前提是必须完成时间表上的活动内容。

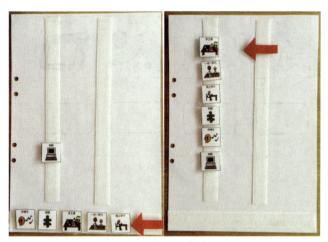

图 9-10　呈现一个学习时段的自选式时间表

承载方式

可视化作息时间表有多种承载方式，除了本书介绍的魔术贴式作息时间表（如图 9-7），时间表还可以做成任务条式或在平板电脑上运行（平板电脑上运行的时间表不是本书的介绍重点）。下面介绍两种常用的任务条式作息时间表。

任务条式（图片）

任务条式作息时间表可以由照片、图片、视觉沟通符号和文字等构成。它是一种较为超前的作息时间表。我们可以把一天从时间的角度分成若干学习时段，打印出每个时段，交由学生执行，这样学生会在时间方面有一种节奏感。教学生每执行完一个活动后在图片下面的方框中打钩，全部方框都打了勾即任务完成。这种任务条式活动表不仅可以作为时间表，也可以作为纯粹的任务条、流程图等。同魔术贴式作息时间表相比，任务条式作息时间表更接近大众的使用习惯，适用于高功能和大龄孤独症谱系障碍人士。图 9-11 是横向的任务条式作息时间表，也可以做成竖向的。

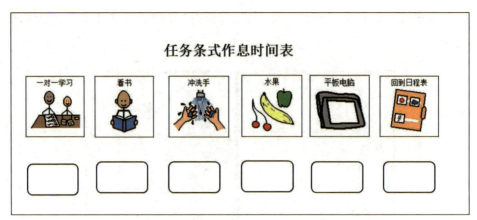

图 9-11　任务条式作息时间表

任务条式（文字）

有读写能力的孤独症谱系障碍儿童还可以尝试由文字构成的任务条式作息时间表。注意书写或打印时，要在两行之间留有空隙，以便加入新的活动。

星期三

听音乐

老师读书

一对一学习

独立学习

穿珠子

室内课间选择

用平板电脑学习

木工

室外活动

图 9-12　由文字构成的任务条式作息时间表

文字构成的任务条或作息时间表的呈现形式如图 9-12，操作流程如下：学生完成一项活动后划掉该活动，直到完成所有的活动。

操作流程

在 S 学校，可视化作息时间表通常采用两种操作方式：箭头移动式和登记式，另外，也有极少部分学生采用放入式和任务条式（文字）。关于箭头移动式和登记式操作流程详见第十二章实例介绍。

箭头移动式

学生向下移动位于时间表旁边的箭头，然后执行箭头所指的活动。活动完成后，回到中转站，继续下一轮的活动。作为较为先进的操作流程，箭头移动式操作流程通常和一次呈现多个学习时段的时间表配合使用。箭头移动式操作流程省去了登记式操作流程中课表图片的回收步骤，时间表每日的更换也变得非常容易。

登记式

学生来到可视化作息时间表前，拿下时间表上最上面的课表图片，携带课表图片到活动地点配对，也就是把手中的课表图片贴到配对卡上（在结构化教学中，以上的步骤被称作"登记"），然后执行课表图片所代表的活动。活动完成后，学生独自或者在提示卡的帮助下回到中转站，继续下一轮的活动。登记式操作流程适合初学结构化教学的、中重度以上的孤独症谱系障碍儿童。每次呈现一张课表图片和一个学习时段的时间表通常采用登记式操作流程，它对于帮助孤独症谱系障碍儿童找到活动地点、维持注意力起到了积极作用，但把散落在各个活动地点的图片回收和重置耗时、费力。

放入式

放入式操作流程是箭头移动式操作流程出现之前较为常见的一种形式。学生把课表图片放入位于时间表下方的纸盒或信封中，然后执行课表图片代表的活动。因为重置多个学习时段的可视化作息时间表耗时、费力，这种操作流程逐渐被箭头移动式操作流程代替。一些重度孤独症谱系障碍儿童在执行一次呈现一张课表图片和一个学习时段的作息时间表时，如果可以自己主动走到活动地点，但又不会执行箭头移动式操作流程，就可以选择放入式操作流程。

图 9-13 是放入式操作流程的具体形式，操作流程如下：学生拿下课表图片，放入左边的塑料盒中，然后执行课表图片代表的活动。

图 9-13　放入式时间表（也可参考图 9-7）

任务条式和自选式

任务条式和自选式操作流程适合有一定认知能力的孤独症谱系障碍人士。大龄孤独症谱系障碍人士也可以尝试这两种方式。具体操作流程见前面承载方式的介绍。

活动（教学）内容设置原则

时间表活动内容的确定需要考虑两方面的因素，一是活动项目的设置，二是每一个活动的具体内容。前者通过课表图片在时间表上表现出来，后者则以课表图片注释、教学材料和教具等形式呈现。

在瑞典孤独症训练学校，时间表上活动项目的设置和活动的具体内容主要执行瑞典《训练学校教学大纲》的主要教学内容，同时，也需要考虑每个学生的具体情况、教学目标、实用性、兴趣爱好，以及每个活动需要的时间等因素。

依据瑞典《训练学校教学大纲》设置的活动

瑞典《训练学校教学大纲》规定了五个科目的主要教学内容（关注"华夏特教"微信公众号获取详细内容）。一些主要教学内容可以直接作为时间表上的活动，如音乐课、体育课、手工图画课等，而另外一些，如沟通和对现实的理解科目的教学则大部分包含在一对一教学和独立学习中。

根据五个科目的主要教学内容，我们可以设置以下活动项目。

美学

主要包括图画课、手工课（包括穿珠子、剪裁、粘贴等手工制作活动）、音乐课、玩橡皮泥、缝纫、木工、参观博物馆等课程或活动。

沟通

沟通科目的学习内容多包含在一对一教学和独立学习中，如发音练习、手势语练习、配对练习、看图说话、情景对话练习、认字练习、阅读理解等。当然，为了增加一些知识和技能的学习力度，也可以把这些教学内容单独作为时间表上的一项活动，如问候练习、看图写话、谈话、棋牌游戏、听故事、看电影、图片交换沟通系统训练、用平板电脑学习等。

运动学

运动分精细运动和粗大运动两种。精细运动主要包括手眼的协调能力和手部的灵活性、协调性等。粗大运动主要包括整个身体的协调能力、灵敏性和力量等。

运动科目的教学主要包括精细动作练习（可以含在一对一教学和独立学习中，也可以单独作为一个活动）、拼图、体育课、体育与健康、散步、室外活动（包括蹦床、自行车、秋千等多项活动）、游泳、室内体育课、郊游等活动。

日常活动

日常活动科目主要包括课间休息、烹饪与烘焙、购物、垃圾回收、刷牙、如厕（不同孩子有不同的训练需求）、洗碗、洗衣、洗澡、叠衣服、穿脱衣、交通安全训练、地理、历史、宗教和社会学等活动。

对现实的理解

对现实的理解的教学通常包含在一对一教学和独立学习中，主要包括：身体各部位的名称、动植物的名称、季节/日期/星期的名称、自然现象的更替、时间的概念、数字和数量的概念及其在现实中的应用、物品的质量、钱的认识和使用，以及因果关系的知识等。

和普通儿童一样，瑞典孤独症谱系障碍儿童也越来越多地使用电脑和平板电脑等现代化学习工具。一般说来，一些适合低年龄儿童的应用程序，如认物、拼图、涂色、数学和配对练习等也非常适合有智力障碍的孤独症谱系障碍儿童。对于那些有学习能力的孤独症谱系障碍儿童，学会使用搜索引擎和办公软件等很重要，后者尤其针对那些不喜欢手写或者用手写字有困难的孤独症谱系障碍儿童。

其他因素

除了瑞典《训练学校教学大纲》，在确定作息时间表活动内容时，也需要考虑以下因素。

学生的具体情况、教学目标和实用性

每一个孤独症谱系障碍儿童的具体情况不同，老师和家长为他们设定的目标和期望值不同，需要学习和训练的内容也不尽相同。不管是根据教学大纲开设的活动项目还是每一个活动的具体内容都要从学生的实际能力出发，确定教学目标和实现途径，同时也要考虑学生的长远目标和实用性。

学生的兴趣

人们常说，兴趣是最好的老师。孤独症谱系障碍儿童需要学习和适应社会，也需要感受做自己喜欢的事时的快乐和体验成功的喜悦。同时，兴趣爱好的培养对于他们成年后如何度过业余生活起着非常重要的作用。我们可以根据他们的兴趣爱好，在时间表中适当加入他们喜欢的活动，或者通过选择板给予他们选择自己喜欢的活动的机会。在制作学习材料时，老师和家长也要根据儿童的兴趣、爱好，用他们感兴趣的主题，为他们量身定做学习材料。

时间的限定

首先，我们需要考虑集体活动和一些固定活动所需时间，如室外集体活动和午饭时间等，然后在此基础上制定个人时间表。在制作个人时间表时，需要事先计算一下这个学生做每个活动大致所需的时间，以此确定时间表的活动数量。一些活动，如电脑、室内外课间活动等没有明显的结束时间，我

们可以使用可视计时器或交通信号灯进行计时。这些活动也可以用来调控整个时间表。

课表图片注释

为了做到每个老师在负责同一名学生时尽可能采用相同的工作方法，也为了使代课老师能够知道如何与这个学生相处，需要对课表图片上的活动进行注释。注释一个课表图片的过程，其实也是规划这个活动的过程。课表图片所代表的每一个活动都需要我们站在孤独症谱系障碍儿童的角度考虑以下问题：

- 我要做什么？
- 我为什么要做？
- 在哪做？
- 和谁做？
- 什么时候做？
- 如何做？
- 我要做多少？或我要做多长时间？
- 任务完成后，我要做什么？

这些问题的答案对每一个孤独症谱系障碍儿童，尤其是中重度以上的孤独症谱系障碍儿童非常重要。因此，一个完整的课表图片注释应该包括活动的目的（参考瑞典《训练学校教学大纲》教学目标）、内容、地点，活动所需材料及其存放地点，活动方式，活动需要的时间，以及注意事项等。如遇变动，需要更新课表注释。如果没有时间做课表图片注释，也需要做简单的课表图片说明。下面是小汤在进行"吃水果"活动时使用的课表图片注释。

小汤吃水果

活动目的：日常生活技能的训练（日常活动）

小汤从家里带水果。水果放在小汤的书包里。

小汤需要自己到书包里拿水果，老师需要跟着他，以防他中途开小差。老师要在小汤进行"吃水果"

活动之前确认他书包里是否有水果，如果没有，可以从学校厨房拿水果。小汤在小餐厅吃水果。

活动时间大约 15 分钟。

可视化作息时间表的制作

不管制作何种作息时间表都需要文字时间表，时间表操作流程的不同带来了制作方法上的差异。下面就以 S 学校为例，介绍一下采用箭头移动式和登记式操作流程的时间表的制作方法。放入式、便携式和自选式时间表的制作可以参照本书提供的图片和箭头移动式或登记式时间表的制作方法。任务条式作息时间表的制作可以在办公软件里完成，这里不再赘述。

所需工具和材料

- 电脑和办公软件。
- 图片，建议使用视觉沟通符号，如本书使用的 Tobii Dynavox 公司研发的 Boardmaker 软件中的图片，也可以采用网上下载、拍照和购买等方式。
- 打印机。
- 塑封机和塑封纸。
- 绿色、蓝色、白色、棕色、黄色 A4 纸若干张。（为了使有特殊需要的儿童通过颜色识别星期几，在国际上，一周七天可以用不同的颜色表示，绿色、蓝色、白色、棕色、黄色、粉红色、红色依次代表周一到周日。）
- 剪刀。
- 魔术贴。
- 文件夹。

制作方法

箭头移动式时间表的制作

第 1 步：制作文字时间表

特殊教育老师根据活动（教学）内容设置原则做出一周五天的文字时间表。

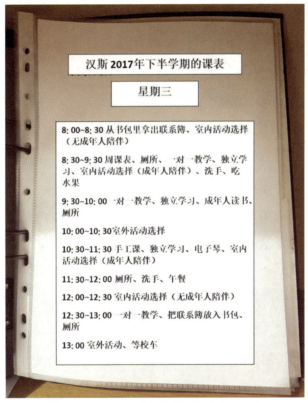

图 9-14　一个在现实中使用的文字时间表

注意：

- 可以按照时间顺序把一周五天的文字时间表分别放在一页纸上，这样一周的活动安排一目了然。
- 可以根据文字时间表做出图片时间表（参考图 9-23），目的是方便登记式操作流程课表图片的更换。

第 2 步：制作课表图片和箭头

根据文字时间表下载、编辑、打印所需的课表图片。根据学生的具体情况确定图片的规格，如有视力障碍或者注意力不集中的学生需要大一些的图片。视觉沟通符号通常是有文字标注的，自己下载或拍摄的图片一定要加文字，这样可以避免由于不同的人对课表图片使用不同的名称而给孤独症谱系障碍儿童带来困扰，还可以为有读写潜力的孤独症谱系障碍儿童使用由文字构成的时间表做准备。用办公软件制作或用纸剪一些红色的箭头。（课表图片制作方法可以参考第八章学习材料的结构化。）

第 3 步：标注和塑封

按照顺序在绿色、蓝色、白色、棕色、黄色纸上正反两面打印或手写星期几并塑封，作为放置课表图片的底图。学校使用的作息时间表可以省略周末。

第 4 步：贴魔术贴

在塑封后的底图正面竖向贴四条、反面贴两条硬毛魔术贴。也可以根据课表图片的数量灵活处理。在时间表正反两面的上边和下边各贴两小块软毛魔术贴（如图 9-15）。贴这些软毛魔术贴的目的是为了把时间表张贴在墙上或书橱上。如果时间表放在课表站的隔板上，也可以省略这一步骤。

第 5 步：贴课表图片

把课表图片按照每日文字时间表的顺序贴在硬毛魔术贴上。

第 6 步：完成

这样一周五天的箭头移动式时间表就做好了。

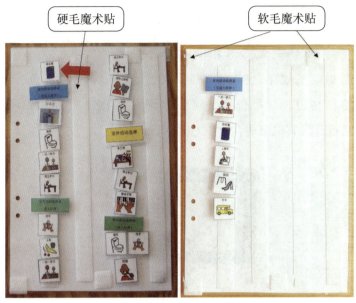

图 9-15 箭头移动式可视化作息时间表

登记式时间表的制作

采用登记式操作流程的时间表制作较为复杂，除了时间表之外，还需要制作一些在活动地点和中转站使用的配套工程。

第 1 步：制作文字时间表

制作方法参考上一部分文字时间表的制作。对于伴随中重度以上智力障碍的孤独症谱系障碍儿童，除了全校每周的集体活动外，最好每天采用相同的时间表，以提高他们对外界的预知和理解能力，增加安全感。

第 2 步：制作供老师使用的可视化作息时间表

根据文字时间表制作供老师使用的可视化作息时间表。制作方法参考箭头移动式时间表的制作。

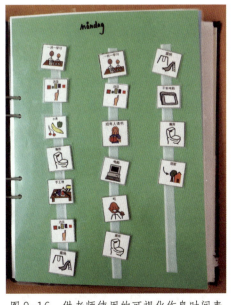

图 9-16 供老师使用的可视化作息时间表

注意：供老师使用的时间表仅供老师使用，并不呈现给学生。

第3步：制作供学生使用的时间表底图

按照图 9-17 的式样，制作和塑封绿色、蓝色、白色、棕色、黄色 A4 纸各一张。在图 9-17 所示的位置贴硬毛魔术贴。当然，也可以参考本书中图 11-5 或者自行开发其他更适合学生的时间表式样。

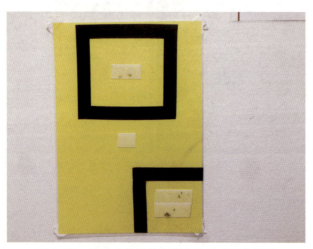

图 9-17　供学生使用的可视化作息时间表底图

第4步：制作提示卡和配对卡

提示卡的功能是帮助孤独症谱系障碍儿童回到中转站。提示卡可以做成带有学生照片或名字的彩色塑封卡片。如果学生抓握困难，也可以使用厚一点的木片或塑料片。

配对卡是贴在活动地点、带有图片和魔术贴的塑封纸（参考图 4-11）。学生在执行登记式操作流程时，从时间表上拿下课表图片，然后来到活动地点和配对卡上的图片配对。登记式操作流程需要每个活动项目都有相应的配对卡。

第5步：贴配对卡和放置提示卡

把配对卡贴到活动地点视觉合理的地方。在配对卡的旁边贴硬毛魔术贴，并事先贴好一个提示卡。在供学生使用的可视化作息时间表的上面或旁边贴硬毛魔术贴，用来贴学生从活动地点拿回来的提示卡。学生在活动完成后自己拿下提示卡，回到中转站，把提示卡贴到该硬毛魔术贴上（如图 9-20 右下角黑框）。如果学生不能主动拿下提示卡，也可以由老师递给他。

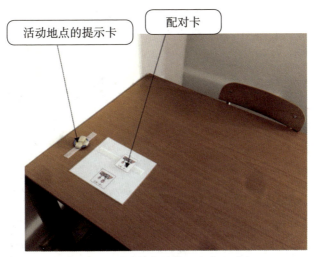

图 9-18　活动地点的提示卡和配对卡

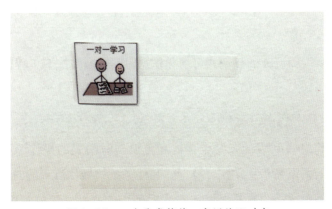

图 9-19　一个非常简单、实用的配对卡

注意：

- 活动地点的图片要和时间表上的课表图片相同，否则学生无法配对。如果同一地点有多个活动，代表活动的课表图片都要出现在配对卡上。
- 可以把桌面教学的配对卡贴在桌子上，如一对一教学、拼图等，这样活动地点更加具体。玩具房、休息室和厕所的配对卡最好贴在门口的墙上。

- 配对卡有很多种表现形式，其中最简单和省事的一种是在需要贴配对卡的地方贴一条魔术贴，然后在魔术贴上贴代表活动的图片就可以了。

第6步：在底图上放置课表图片

根据供老师使用的可视化作息时间表，在时间表底图上放置或替换课表图片。

注意：黑框里课表图片所代表的活动是学生即将进行的活动。在学生执行完课表图片代表的活动后，老师要及时补充时间表底图上的课表图片。

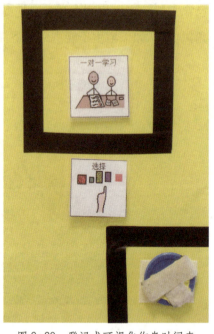

图9-20 登记式可视化作息时间表

第7步：完成

这样学生一周五天的登记式可视化作息时间表及其配套工程就做好了。

可视化作息时间表的张贴（放置）、存放和更换

可视化作息时间表的张贴、存放和更换与时间表的操作流程紧密相关。下面介绍一下采用箭头移动式、登记式和任务条式操作流程的时间表的张贴、存放和更换。放入式、便携式和自选式时间表的张贴、存放和更换可参照本书提供的图片和文字说明，并结合箭头移动式和登记式时间表的处理方式。

箭头移动式时间表

时间表的张贴（放置）

在中转站选择一个合适的地方，墙上或书橱上，根据时间表上软毛魔术贴所在的位置和距离贴两条硬毛魔术贴，把时间表贴到硬毛魔术贴上。如果学生使用课表站，也可以把时间表放在课表站的隔板上。

时间表的存放

第1步：复印时间表

在时间表的执行过程中会出现拿掉、替换或者增加课表图片的情况。如果有了时间表复印件，老师就可以很容易地把时间表恢复到原始的状态。当然，也可以使用文字时间表或图片时间表，但时间表复印件的方式恢复时最省时、省力。

第2步：打孔

在时间表一侧打孔，把复印件放入 A4 透明保护袋中。按照一周的顺序把时间表连同复印件一起放入时间表文件夹中。这样一周五天的时间表就保存好了。

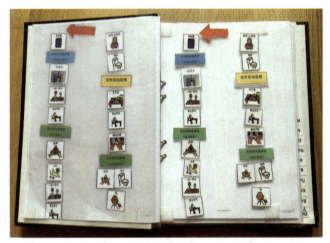

图 9-21　时间表连同复印件被保存在时间表文件夹中

时间表的更换

通常情况下，时间表在学生每天放学后更换，也就是说特殊教育老师要把当日用过的时间表放入时间表文件夹，把第二天要用的时间表贴在中转站。

登记式时间表

时间表底图的张贴和更换

供学生一周使用的时间表底图做好后（见图 9-17），在底图背面的四个角上各贴一小块软毛魔术贴。在中转站选择一个合适的地方，墙上或书橱上，根据软毛魔术贴所在的位置和距离贴两条硬毛魔术贴，把时间表贴到硬毛魔术贴上。如果学生使用课表站，也可以把时间表放在课表站的隔板上。

通常情况下，老师要在学生每天放学后更换时间表底图，并从供老师使用的时间表中取出课表图片贴到时间表底图上。

时间表的存放和更换

S学校通常采用以下两种方法。第一种方法前期投入较多，但省去了很多老师在时间表执行过程中投入的时间和精力。如果时间表上学生的活动项目较少，也可以采取第二种方法。

第一种方法：

（1）把供老师使用的时间表复印、打孔，把复印件装入A4透明保护袋中，然后把时间表连同复印件一起放入时间表文件夹中（见图9-22）。

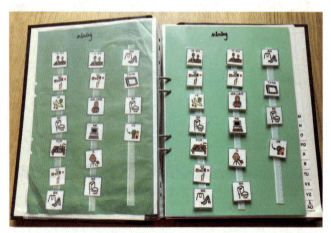

图9-22　保存在时间表文件夹中的时间表和复印件（供老师使用）

（2）根据时间表的呈现方式，在学生进行活动前，老师把代表活动的课表图片从供老师使用的时间表上移到供学生使用的时间表底图上。学生活动完成后，老师要及时收回配对卡上的图片，然后根据复印件把时间表恢复到原来的状态。

第二种方法：

（1）在墙上、课表站或书橱的内壁上贴文字时间表（或者图片时间表）

和备用课表图片库。

（2）根据文字时间表（或者图片时间表），在备用课表图片库中找到学生将要执行的课表图片，贴到供学生使用的时间表底图上。活动结束后，及时收回配对卡上的课表图片并放回备用课表图片库中。

任务条式时间表

在电脑中编辑和保存任务条式时间表，需要时打印出来就可以了。也可以整张塑封，然后张贴在墙上，学生在活动完成后用白板笔划掉该活动。

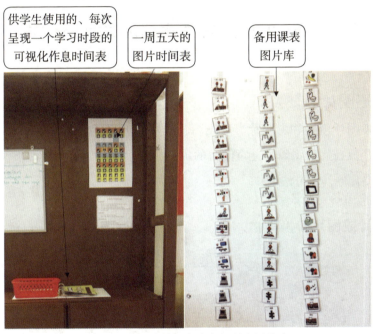

图 9-23　图片时间表和备用课表图片库

课表图片的保存

课表图片由于破损、丢失等原因需要补充，而在同一机构或学校又可以共享，因此，每次制作课表图片时可以多做一些。塑封一些 A4 纸，在塑封纸上竖向贴四条硬毛魔术贴，然后按照字母的顺序把课表图片贴到魔术贴上，装入课表图片文件夹中。暂时不用的课表图片也可以放入课表图片文件夹中作为备用。

图 9-24　课表图片保存在课表图片文件夹中

课表图片的升级

　　课表图片由实物、照片、手绘图、图片或者视觉沟通符号和文字构成。随着一些孤独症谱系障碍儿童能力的提高，课表图片需要升级。下面介绍一下课表图片的升级方法。

照片或图片替换实物

图 9-25　课表图片的升级——从实物到图片

对于伴随严重智力障碍、具象思维的孤独症谱系障碍儿童，当他们刚开始学习使用时间表时，用实物代表活动是必要的，因为他们需要建立起实物和活动之间的联系。当他们建立起这种联系之后，就可以尝试用照片或图片代替实物。

如图 9-25 中，水杯和代表水杯的图片同时出现在时间表上，艾拉不论拿水杯还是图片，都能得到水。在她明白带有水杯的图片和真正的水杯具有相同的功能后可以拿掉水杯，只留下代表水杯的图片。用相同的方法慢慢替换掉其他的实物。也可以做一些相应的实物、图片的配对练习。

文字替换图片

文字替换图片可以采取以下两种方法。图片或视觉沟通符号替换照片也可以采用相同的做法。

直接用新的课表图片替换旧的课表图片

为了使学生顺利地实现替换，我们可以尝试以下方法：

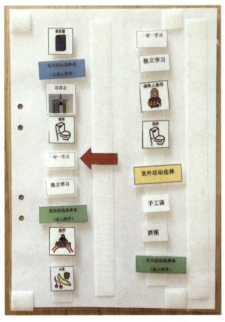

图 9-26 逐批替换的课表图片

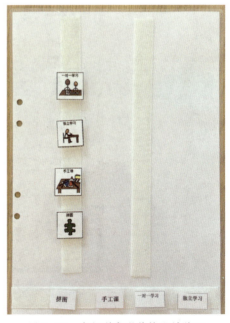

图 9-27 为顺利实现替换设计的配
对练习

- 做课表图片时最好配文字，这样学生在使用图片时也潜移默化地接触了图片上的文字。
- 在替换之前，可以先做一些配对练习，帮助他们建立起新旧课表图片之间的关联。进行替换时，也可以把配对练习贴在时间表的旁边作为辅助。
- 替换时，不要改变活动内容。如果要改变活动内容，最好使用新的课表图片。
- 逐批替换。
- 向有沟通能力的学生解释课表图片的替换。

逐渐剪掉旧的课表图片

新旧图片同时出现在时间表上（如图 9-28），然后通过逐渐剪掉旧课表图片，留下想要的课表图片的做法完成替换。

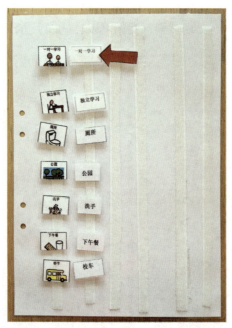

图 9-28　课表图片的升级——从图片到文字

需要注意的事项

作为结构化教学的核心，可视化作息时间表对于加强孤独症谱系障碍儿童的行为管理，培养独立性，以及减少紧张和焦虑起着积极作用。

刚接触结构化教学的老师和家长可能会需要一些时间并经过多次尝试才能摸索出真正适合儿童的可视化作息时间表。在这期间，老师或家长需要学习，需要了解儿童，儿童同样也需要学习和适应，明白我们的期望。对一些老师和家长来说，这是一段相当艰难的过程，其中充满着疑惑、冲突和挑战，但这个过程对中重度以上孤独症谱系障碍儿童来说又是必要的，因为无数的经验和教训告诉我们，不能完全任由他们做他们想做的事，他们需要视觉支持下的结构化生活。

我们前面谈到了可视化作息时间表的基本要素。一个真正对孤独症谱系障碍儿童有帮助的时间表应该基于他们对时间表基本要素的理解和执行能力。当我们要为一个孤独症谱系障碍儿童制作可视化作息时间表时，需要注意以下几个方面的问题：

1. 孩子的智力水平如何？智力水平是决定可视化作息时间表要素的重要因素，但绝非唯一的因素，孩子的其他功能障碍，如多动、焦虑，会限制孩子智力的正常发挥；另一方面，一些智力水平低的孩子经过多年的训练和经验的积累也可以独立地完成某种时间表的操作。

2. 孩子的手工精细能力如何？是否需要规格大一点的课表图片以及式样特殊的提示卡？

3. 时间表的课表图片由什么构成？实物、照片、图片、视觉沟通符号还是文字？单一形式还是组合方式？孩子识别图片、照片还是实物？当然最好的选择是使用图片或视觉沟通符号，但如果孩子对图片或视觉沟通符号反应较差或拒绝执行，就要退回使用照片或者实物。

4. 时间表如何呈现？每次呈现一张图片、一个学习时段、多个学习时段（一段时间）、便携式还是自选式？便携式对于初学者和重度孤独症谱系障碍儿童是个不错的选择。

5. 时间表使用什么样的操作流程？登记式、箭头移动式还是任务条式？在时间表操作过程中，使用什么样的辅助方式？

6. 用什么承载方式？魔术贴式还是使用平板电脑？

7. 时间表上的活动项目和每一个活动的教学内容是什么？

8. 时间表构成要素的升级问题。当孩子具备了一定的能力，就可以尝试要素的升级，如时间表课表图片由图片升级到文字，操作流程由登记式升级到箭头移动式等。

在现实生活中，孤独症谱系障碍儿童的发展并非一定要遵循既定的轨迹，因此，不管是课表图片的构成还是操作流程都不必按照某个特定次序进行，而应该基于儿童的具体情况。有能力的儿童可以直接使用箭头移动式操作流程，而不必一定先从登记式操作流程开始。同时，也不是所有的儿童都能达到最后一步。尽管我们采取了很多训练措施并经过了很长时间的训练，一些具象思维和没学会阅读的孤独症谱系障碍儿童可能会继续停留在原来的阶段。

最后，想提醒老师和家长的是，孤独症谱系障碍儿童由于自身的障碍和周围的环境始终处于弱势群体的地位，他们出现焦虑、抑郁和情绪问题的比率远远高于普通人。我们让孩子使用可视化作息时间表是为了帮助他们更好地生活，给他们一些适当的挑战是让他们尽可能地发展自我，但绝不能超出他们的能力范围。孩子需要发展，但更需要稳定和安全感。

第十章　规程和变通

规程

规程（routine）是一种用系统的、连贯的方式做一件特殊任务的方法。作为对可视化作息时间表的补充，系统化的规程对孤独症谱系障碍儿童的成长是有益处的，因为它能帮助孤独症谱系障碍儿童了解和预知一些活动和事件，从而增加安全感，减少不安和焦虑。另外，在现实生活中，我们也需要帮助孤独症谱系障碍儿童建立一些规程。这是因为，如果我们不教他们正确的规程，他们就会选择自己喜欢，而不是适应社会规范的规程。

一些人觉得规程是刻板行为，孩子已经很刻板了，不能再教孩子这些刻板行为。其实，普通人在现实生活中也有很多类似的刻板行为，如起床后、睡觉前的一系列活动，上班开车的固定路线等。这些"刻板行为"就是规程。它们可以帮助我们建立符合逻辑次序的操作流程，从而使我们的一些日常活动变成不需要耗费太多脑力劳动的"自动行为"。系统化的规程对人们是有益的。之所以有益的规程在孤独症谱系障碍儿童身上会变成刻板行为，是因为他们缺乏灵活性和变通能力，这不是规程本身的问题。我们需要做的是帮助孤独症谱系障碍儿童建立好的规程，同时培养他们灵活变通的能力。

规程在现实中的作用

建立良好的学习和生活习惯

规程可以帮助学生建立良好的学习和生活习惯，例如"先工作，后玩"就是一个很好、很实用的规程，可以用在很多场合。后面的活动可以作为前面活动的奖励，也为前面活动的执行提供了动力。老师可以利用"先学习，后玩"规程组成学习时段，从而构建可视化作息时间表。对于不使用可视化作息时间表的孩子，老师和家长也可以在孩子不想学习时，使用"先后卡"。

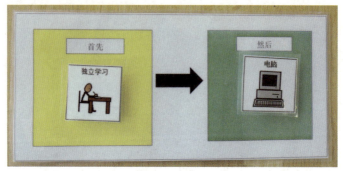

图 10-1　先后卡

除此之外还有其他一些好的规程，如学生在独立学习活动流程中贴配对图片的顺序——从左到右，从上到下；做作业、读书的顺序从左到右；饭前、便后洗手；出门、睡觉前上厕所等。

替代刻板行为

雷夫，6岁，有阿斯伯格综合征和强迫症。雷夫思维刻板，常常自己"创造"一些刻板行为和非功能仪式。有时候，这些行为和仪式给他自己和周围的人带来了烦恼和不便。

一天，妈妈来学校接雷夫回家，琳达老师正好路过。妈妈对雷夫说："和琳达说再见。"第二天，妈妈接雷夫，雷夫对妈妈说，他要和琳达说再见。妈妈为雷夫有礼貌而感到很高兴，就和他一起去了琳达的办公室和琳达道别。第三天，妈妈来接他时，雷夫又要去，妈妈这才意识到，雷夫"创造"了一个刻板行为，而自己则成了"帮凶"。

之所以说雷夫每次放学前和琳达告别是刻板行为，是因为这个活动本身已经不再是有礼貌的行为，而是一个非功能的刻板和强迫行为，同时也限制了琳达的自由，因此，必须改变这种行为，并用一个新的规程代替它。新规程的表述方式是社交故事。

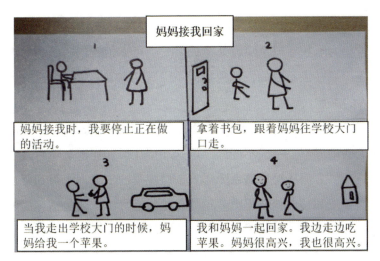

图 10-2 社交故事

通过社交故事的帮助，雷夫用新的规程代替了原来的刻板行为。从本质上说，新的规程也是一种刻板行为，但是，在不可能完全取消原来刻板行为的情况下，用不影响他人的刻板行为替代原来的刻板行为，不失为一个好的策略。当然，孩子需要做的是建立好的规程，接受变通，但这需要一个过程。

实现活动的平稳过渡

在中重度以上孤独症谱系障碍儿童中，活动或活动地点转换困难非常普遍，由此带来的情绪问题也困扰着很多老师和家长，如有的父母感到早晨送孩子上学很难，为此，我们可以做一个孩子上学前的视觉活动表（如图 10-3），在孩子每次上学前都做相同的活动，从而形成常规，帮助孩子巧妙、平稳地实现活动和活动地点的转换。

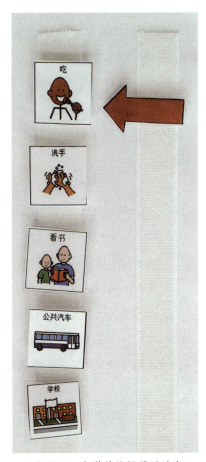

图 10-3 上学前的视觉活动表

如何变通

我们希望为孤独症谱系障碍儿童提供一个可以信赖的、熟悉的规程，但是这个世界不是一成不变的，孤独症谱系障碍儿童需要学会灵活变通，以适应真实世界的需要。

"规程的教学中应该融入灵活变通的内容，因为灵活变通是文化的真实反映。我们的世界不是一成不变的，可这却会让孤独症谱系障碍人士总是感觉充满矛盾。一方面孤独症谱系障碍人士对规程的依恋理应得到尊重，但另一方面也需要温和地向他们提出些挑战。挑战的具体方式包括：提供稍有变化的任务、选取不同的行路通道、采用不同的游戏方法、给予有所变化的食物、选择不同的户外活动时机和地点等。应确保预先告知孤独症谱系障碍人士规程中那些必要的结构化内容，但在细节上要有所变化，这样，就可以引导他们更多地关注整体的结构化，而非关注某些细节。"（Mesibov, Shea, &Schopler, 2004）

那么，在日常生活中如何变通？家长们的经验非常宝贵。冯斌，一位留美孤独症谱系障碍儿童的父亲，在一篇名为《为他们的人生预备一个可以稳住脚的铁锚》的文章中分享了他为有极度刻板饮食习惯的儿子增加食物品种的经验。

就刻板行为而言，儿子从生活作息到饮食偏好，用一句话作比就是"自古华山一条道"，没有丁点回旋之处，否则就会落入万丈深渊。比如，他吃的饺子必须是韭菜猪肉馅的，一点都不能掺入其他的馅料。但是，几年后他妈妈偷偷在里面打了点虾仁进去，他没吃出来就继续。再过几年告诉他里面其实有他非常排斥的虾仁，没想到他居然接受了。这样我们就堂而皇之地加虾仁，甚至可以让他接受一点炒虾仁或茄汁大虾。之后，我们每周至少一次的炒饭里面，我竟然可以在固定的几样配料中加几个虾仁了。

我们一直让他明白，即使是最刻板的行为，也是一点点地、一小步一小步地（baby step）去改变。

当我正式和他解释孤独症三大特征中的刻板行为时，他不再像说到语言交流障碍和社交障碍那两方面点头表示自己很符合。此时的他犹豫着没有认同，说自己已经很能变通了，不能算是刻板了。这也确是事实。他越来越接受变通，越来越愿意有微小的改变，我们正将这些涓涓细流汇成溪，汇成河。

　　所以，没有一件事情是永远一成不变的，也没有一件事情是永远黑暗的。（冯斌，2016）

　　作为孤独症谱系障碍两大诊断标准之一，刻板行为广泛存在于孤独症谱系障碍儿童中。一方面，我们希望可以通过规程给孤独症谱系障碍儿童提供一个可以信赖的、熟悉的流程，这些"良性"的刻板行为对于孤独症谱系障碍儿童，尤其是那些处于智力发育早期，也就是重度和极重度的孤独症谱系障碍儿童非常重要；另一方面，我们又对他们在某些场合出现的刻板行为（如上文提到的冯斌儿子吃饺子的例子）"深感忧虑"和"深恶痛绝"，希望立即"取缔"。这个愿望是好的，但在现实生活中却往往难以奏效。我们可以采用替代的方法，或者参考上文冯斌夫妇的做法，巧妙地帮助孩子一点一点地改变刻板行为，接受变通。

第十一章 视觉结构化活动

定义

视觉结构化活动指的是用视觉的方式（而不是用语言的方式）使孤独症谱系障碍儿童最大限度地明白他们所从事的活动的意义、方法、过程以及我们的期待，目的是让他们最大限度地参与到活动中来。视觉结构化活动包括三个方面的内容：视觉指令（visual instructions）、视觉组织（visual organization）和视觉明晰（visual clarity）。

视觉指令

视觉指令指的是用视觉的方式告诉孤独症谱系障碍儿童如何完成一项任务或活动。例如，在做折纸船手工活动的准备工作时，我们可以把整个制作过程拍成录像或照片，也可以事先折出一个，让学生在做手工的时候看到成品。视觉指令告诉孤独症谱系障碍儿童一个活动的内容、地点、时间和顺序，有助于他们理解别人的期待，同时学会遵守指令，也有助于改变他们刻板的思维模式。

在结构化教学中的应用

视觉指令在结构化教学中应用得非常广泛。可视化作息时间表及其操作、视觉标注、流程图以及结构化的学习材料都离不开视觉指令。

镶嵌板

镶嵌板是一个非常好用的视觉指令，它能清楚地表明物品应该放置的地方。目的是提高学生独立生活的能力。

图 11-1 镶嵌板

图 11-1 是一个在现实中使用的镶嵌板，它清楚地表明勺子、盘子、杯子和刀叉放置的位置。利用这个镶嵌板，可以训练学生独立地摆放餐具。

图中的蓝色防滑垫可以防止盘子在桌面上滑动。

提供视觉线索

图 11-2 读书一角

标志性物品可以表明活动场所的用途。图 11-2 中，桌子上的书和舒服的椅子，表明这里是读书一角。

手工活动流程图

手工活动流程图能够帮助学生了解手工活动的步骤，进而独立地完成任务。流程图详尽地介绍了活动所需材料、具体步骤以及注意事项。下面列举一个名为"五彩的心"的手工活动流程图。教师可以以此作为参考设计制作其他适合儿童的手工活动流程图。

"手工——五彩的心"活动流程图

所用材料（老师准备）：

· 不同颜色的彩纸

· 剪成心形的硬纸或纸板

· 剪刀

· 办公用胶水

· 笔

你需要这样做：

1. 在硬纸（板）背面写上学生的名字（有些学生需要老师代写）。

2. 用剪刀把彩纸剪成纸片。

3. 在硬纸（板）上涂上胶水，把碎纸片粘上去（有些学生需要老师的辅助）。

4. 完成。

注意：

● 老师可以事先在硬纸（板）上穿上一条线，这样做完以后就可以挂起来；

● 有些学生需要老师的辅助，例如，对于不会使用剪刀的学生，可以根据学生的具体情况，采取手把手辅助、老师事先剪好、给学生提供方便使用的剪刀，或者改用手撕等办法；

● 对于有阅读能力的学生，也可以采取书面指令；对于无书面阅读能力的孤独症谱系障碍儿童，图片配合文字的方法有助于他们理解。

视觉组织

视觉组织指的是孤独症谱系障碍儿童的学习和生活环境的布置，如学习材料和生活用品等的摆放要整洁、有序、分门别类，以减少环境的无序给他们带来的不良的感官刺激和分心、焦虑等现象。

在结构化教学中，通常会使用很多教具，如文件夹、收纳盒、小塑料盒、托盘、烟斗通条、魔术贴、双重透明胶带和普通胶带等，以维持学习与生活环境的整洁和有序。

在结构化教学中的应用

在 S 学校，学习材料通常被放入文件夹或收纳盒中，并按《训练学校教学大纲》的五个科目和结构化教学的两种教学形式分类（见第五章结构化教学的两种桌面教学形式）。厨房用品、手工活动材料和办公用品等被放入橱柜或有小抽屉的储物柜里，并用图片或者文字标注。

办公用品

图 11-3 储物柜

图 11-3 中，办公用品被分门别类地放在储物柜里，并用文字标注。

学习材料

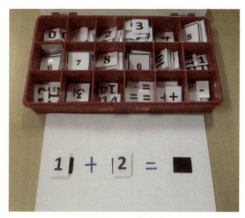

图 11-4 数字格

图 11-4 所示的教学材料中，数字被整齐地放在不同的格子里，方便学生做练习时拿取。

视觉明晰

视觉明晰指的是通过色彩、胶带或荧光笔等强化某一区域，或者采用把需要阅读的部分字号放大等方式，帮助孤独症谱系障碍儿童抓住任务或活动中重要的部分。

在结构化教学中的应用

用黑框强调重要区域

如图 11-5，黑框中的课表图片是学生当前需要进行的活动。在这里，黑框具有强调功能。

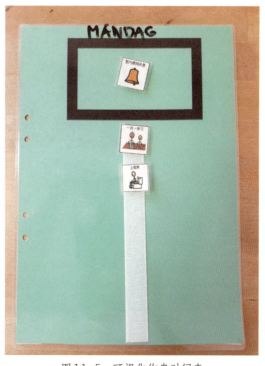

图 11-5 可视化作息时间表

颜色的识别功能

对于一些有认知和语言理解障碍的孤独症谱系障碍人士来说，通过颜色识别物品是一个很好的办法，如通过颜色识别星期几、物品的归属等。也可以把学校的门涂成不同的颜色，学生通过门的颜色识别该区域的功能或找到活动地点。

图 11-6　门

第十二章 实例介绍

本章介绍了各种视觉活动表的应用实例，包括可视化作息时间表、其他视觉活动表和辅助工具。其应用过程体现了结构化教学的要素（如结构化的物理环境、时间的结构化、规程与变通、活动流程和视觉结构化活动等）、孤独症教育理念（如个别化、可预知、一致性、明确性和独立性的培养等），以及孤独症干预策略(如图片沟通系统、任务分析等)的综合运用。

结构化教学的实施是综合运用可视化作息时间表、流程图和其他辅助工具为孤独症谱系障碍儿童提供教育教学的过程。学校和家庭是对孤独症谱系障碍儿童进行教育的两个主要阵地。本章不仅介绍了一些在学校使用的视觉活动表，也介绍了可供家长在家使用的视觉活动表。由于学校内学生间的发展水平差异较大，教师需要为不同学生设计制作适合其发展水平的可视化作息时间表和其他辅助工具。本章重点介绍了两个不同程度学生在校使用的视觉活动表，为教师提供借鉴。

由于文章结构的原因，本章并没有对结构化教学的两种桌面教学形式和学习材料进行专门的介绍。事实上，在瑞典孤独症训练学校，这两部分是结构化教学的重要组成部分和实施可视化作息时间表的重要基础。

适合中重度孤独症谱系障碍儿童在校使用的视觉活动表

汉斯基本情况介绍

汉斯，一个 15 岁的男孩，有孤独症和中重度智力障碍。

沟通：汉斯有不错的口语表达和语言理解能力。能记起以前发生的事，但在复述事情的经过方面有困难。汉斯在抽象符号的认知方面存在障碍。尽管经过了很长时间的学习，汉斯仍然没有学会读写瑞典语。

社交：汉斯非常胆小、害羞，尽量回避陌生和不熟悉的人，倘若校车里有他不认识的学生，他就会拒绝上校车。汉斯在参加集体活动和校外活动方面有很大的困难。

兴趣爱好：汉斯喜欢熟悉的人跟他开玩笑和玩诸如"警察抓小偷"等游戏，喜欢一遍又一遍地看他喜欢的电视、电脑里的短片，喜欢做饭，吃甜食。汉斯兴趣爱好狭窄，在课间活动时通常不知道做什么，需要选择板和老师的帮助。

个人生活自理能力：汉斯在很大程度上需要他人的帮助和指导，以及视觉活动表的辅助。他不能主动地上厕所，经常尿裤子，需要在时间表的帮助和老师的陪伴下定期地如厕。

对现实的理解：汉斯能明白简单的因果关系（如外面下雨，需要穿雨衣、雨鞋），以及先后的概念（如先做作业，后玩电脑）。汉斯没有数字和数量的概念。他对时间的感知和理解能力差，总是很焦虑、着急，总想很快做完该做的事，然后做他喜欢的活动，同时，不愿意结束他喜欢的活动。汉斯能独立地完成箭头移动式可视化作息时间表的操作流程，有时会出现"作弊"现象，如跳过不喜欢的活动。汉斯对一些非日常进行的活动，如体育课、游泳课、郊游、散步、参观博物馆等校外活动，有预先告知的需求，因此，老师需要事先做好视觉流程图，在活动发生前告诉他整个活动安排。视觉流程图还用在吃饭、做饭等有一系列步骤的活动上，以提高汉斯独立生活的能力。

行为问题：通常情况下，汉斯随从性较好，但他有时候会拒绝执行时间表或时间表上的某些活动、不愿意和某个老师工作等。汉斯容易受他人不良情绪的影响，如其他学生尖叫时，他会出现朝人扔东西、吐痰，甚至打人等应激行为。相同的行为问题也会出现在一些他期盼或担心的事情发生前，如看牙医或走访亲戚。

汉斯的可视化作息时间表

时间表的变化

和训练学校的其他学生一样，汉斯使用可视化作息时间表。同刚入学时相比，汉斯的时间表有了很大的变化。

- 时间表的构成由照片和图片混合到只使用黑白象形图形式的视觉沟通符号。
- 时间表的呈现方式从每次呈现一个学习时段到呈现在校全天的所有活动。
- 操作流程从登记式到箭头移动式。

活动和操作流程介绍

下面结合汉斯时间表上的一些活动介绍箭头移动式操作流程。

每天早上八点，汉斯乘校车到校。在老师的陪伴下，汉斯进入教学大楼。在衣帽间挂好上衣、书包，放好鞋后走向中转站。老师跟在他身后。

汉斯一天的活动开始啦！

汉斯根据时间表上用不同颜色表示的活动，在图 12-1 右边相同颜色的选择板中选择他喜欢的活动。

绿色——室内课间活动选择（成人陪伴）

蓝色——室内课间活动选择（无成人陪伴）

黄色——室外课间活动选择（成人陪伴）

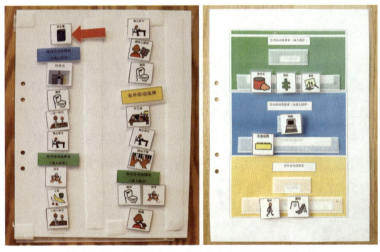

图 12-1　可视化作息时间表和与之配套的选择板

活动 1：拿出学校家长联系簿

设计这一活动的原因是汉斯拒绝个别老师从他书包里拿出联系簿。为了避免冲突，经过和汉斯协商，他同意自己把联系簿拿出来，并放到指定的地点。为了使汉斯清楚地知道联系簿的放置地点，我们做了汉斯联系簿放置处。汉斯从书包中取出联系簿，放到放置处。

图 12-2　利用视觉指令告知联系簿的具体放置地点

活动 2：室内课间活动选择

汉斯完成第一个活动后，回到中转站时间表前，向下移动箭头，箭头指向室内课间活动选择。汉斯从图 12-1 中右边蓝色选择板上拿下"电脑"图片，贴到魔术贴上。汉斯玩电脑。

蓝色室内课间活动时间是汉斯室内自由活动时间，活动内容有电脑、乐高等时间较长、不需要老师陪伴的活动。这些活动通常不是自然结束的，老师可以通过交通信号灯控制活动时间。这个活动大约持续 20 分钟。设计这一活动的原因是，老师需要利用这段时间从校车接其他学生并做教学前的准备工作（老师和学生通常 8：00 到校，8：20 开始上课）。

活动 3：周课表

室内课间活动结束以后，汉斯回到时间表前，向下移动箭头。第三个活动是看周课表。汉斯来到周课表前，把箭头移到星期三。

图 12-3　周课表

设计这个活动是因为汉斯经常问一些他感兴趣的活动如做饭、去公园等什么时候进行。老师会把这些活动在周课表上列出来，当汉斯问的时候，就可以通过周课表告诉他活动的具体时间。如果由于某种原因活动不能按时进行，要及时和汉斯沟通，并以他喜欢的活动代替，否则会引发他的情绪问题。

一些对学生重要的信息，如体育课、游泳课，以及上喘息服务机构的时间也可以列入周课表。周课表还可以培养学生对昨天、今天、明天以及星期概念的理解。

以此类推，直到完成时间表上的所有活动。

时间表使用说明及工作指南

汉斯一天的活动是围绕时间表进行的。时间表的顺利进行还需要写给老师的时间表使用说明和工作指南的帮助，说明及指南主要包括以下内容。

汉斯基本情况介绍

主要内容包括家庭背景、功能情况介绍（沟通、社交、运动、认知能力、个人生活自理能力、感知觉障碍，以及有无其他疾病等）、兴趣爱好、教育背景、放松方式、饮食状况、情绪问题及其处理办法等。

时间表执行时间和工作建议

主要内容包括：每个活动的大致起始时间、活动内容、活动地点、教学材料的存放地点和注意事项等。这个相当于时间表课表图片注释。

一对一教学和独立学习教学指南

主要内容包括：教学前的准备工作、工作流程、学习材料的放置地点，以及常见的问题和解决办法等（参考第五章汉斯的一对一教学指南）。

行为问题解决办法

汉斯的一些行为问题的解决办法，如汉斯如厕和奖励办法，主要内容包括：工作方法、可视计时器的使用、奖励办法，以及脏裤子的处理办法等。

特殊教育老师也会针对汉斯经常出现的一些行为问题设计一些表格，如朝同学扔东西、打人等行为登记表，为进一步的行为分析提供一手资料。主要登记内容有：事件发生的时间、地点，活动内容，工作的老师，事件发生的经过和结果等。

时间表实施注意事项

"罢工"行为的处理

针对汉斯有时候出现的"罢工"行为，如不愿意执行时间表或时间表的某些活动，我们采取的办法是"温柔地等待"，并时不时地拿课表图片提醒他该做的活动。如果时间表上有他喜欢的活动，可以用"先学习，后做他喜欢的活动"来吸引他。在等待期间，不要和他开展其他的活动，尤其是有趣的活动，他也不能做其他的活动。如果他重新开始工作，表扬他，同时减少任务量和降低工作难度。汉斯"罢工"时，如果我们继续坚持对他的要求有时会诱发他的情绪问题，如朝人扔东西、吐痰等，我们通常会采取忽视（不马上制止他的行为，但同时密切关注他的一举一动）、转移注意力、进入安静房间或熟悉的老师介入等办法，帮助他渡过难关。等他安静下来之后，再继续做他应该做的活动，同时减少活动量和降低活动难度。适合汉斯的解决办法，未必适合所有孤独症谱系障碍儿童，老师和家长要在充分了解自己学生和孩子的基础上找到适合他们的解决办法。

其实，重要的是在事件过后分析和思考汉斯拒绝合作的原因。身体不舒服？时间表上没有他喜欢的活动？他想要的活动没有出现在时间表上？这个活动过后没有他喜欢的活动？活动难度过大，超过他的能力范围？同一个作业做过无数遍了，不想再做了？他熟悉的老师生病了，今天给他上课的是代课老师？他近期有重要活动，如看牙医、走访亲戚？有人答应过他什么事，忘了？或者需要奖励，等等。当然，有些时候我们也找不到问题的原因，但这些分析和思考可以帮助我们敏锐地观察他的状态，并且通过事先改变时间表上的活动内容、降低工作难度、减少作业量，以及使用活动选择板满足他的一些愿望等办法避免汉斯情绪问题的发生。

一个好的老师或家长不应该是仅仅擅长处理危机的"消防员"，更应该是敏锐地察觉震前蛛丝马迹的"地震学家"，如看到学生到校后的状态不好，就应该适当降低对学生的要求。

通过选择板达成愿望

有时候汉斯会提出他想要从事某项活动。如果这项活动不是当前要做的，不能马上答应他的要求，可以通过选择板达成他的愿望。当然，前提是这个活动是合理的、可以实现的。

独立性的培养

孤独症谱系障碍儿童使用可视化作息时间表最重要的目的之一是在熟悉的环境下尽可能地独立生活。因此，汉斯要在时间表执行过程中始终处于主导地位，老师的角色是"影子"和助手，只在必要的时候给他提供帮助。

情况通报和评估

针对汉斯的学习和行为问题进行每周一次的汇报、讨论和评估，以确定新的教学方案和措施。

其他视觉活动表

为了配合汉斯执行时间表上的一些活动，我们制作了选择板、流程图等视觉支持工具。

"结构化教学的基本原则之一就是让孤独症谱系障碍人士能够预先知道活

动的顺序。预先告知可以帮助他们理解自身所处的环境，减少那些由突发事件引发的焦虑，而这类焦虑常常是引发行为问题的重要原因之一。系列活动前的预先告知也尤为重要，因为孤独症谱系障碍学生难以掌握和记住系列的全过程。"（Mesibov, Shea, &Schopler, 2004）

操场活动选择板

汉斯的想象力有限，有时候找不到合适的室外活动，操场活动选择板给他的室外活动提供了选项。操场活动选择板做好后，贴在操场合适的地方。汉斯有时需要老师的提醒才能去选择板上选择自己想做的活动。

图 12-4　操场活动选择板

操场活动是学生室外自由活动时间，选择板的目的是给学生提供活动选项。如果操场活动是教学活动的一部分，是由老师控制的，可以把选择板改为箭头移动式的操场活动表。注意活动的顺序，最好把学生喜欢的活动放在最后面。

午餐流程图

瑞典所有的中小学校都给学生提供一顿免费的午餐，并给下午在校的学生提供免费的下午餐。在家里以外的地方吃饭，可以给学生提供一个很好的用餐训练机会。如果学生不在学校吃午餐，学校也应该尽量安排学生吃水果或加餐。对在校吃饭、能力较好的学生，老师可以根据具体情况训练他们独立用餐的能力。

中国人的用餐习惯与西方人不同。对孤独症谱系障碍儿童来说，西方人的用餐习惯可能更适合他们，因为食物定量，且饭菜都在自己的盘子里。具体使用哪种用餐方法，是家长自己的选择，但用餐训练最好要考虑家庭外和孩子的未来，以培养孩子成年后的独立性为终极目标。午餐流程图可以帮助汉斯独立地完成午餐的一系列活动。图 12-5 的流程图是根据瑞典学生在校吃午餐的流程制作的。老师或家长可以根据孩子和家庭的具体情况对流程图上的活动进行调整，如在吃饭前增加摆放餐具或删掉清理盘子步骤等。

去公园流程图

汉斯在活动前通常会比较焦虑，即使是做过很多次的活动，所以，事前的告知对他很重要。在进行活动前，尤其是一个新的活动前，老师要尽可能了解以下信息，做成流程图，在活动发生之前告知学生，并在每次活动进行时随身携带，以减少他们的紧张和焦虑。

- 去哪里？如果想让汉斯知道具体要去哪一个公园，最好使用这个公园标志性建筑的照片。
- 什么时间出发，持续多长时间，什么时间结束？（需要时可以使用可视化计时器和交通信号灯等时间辅助工具）
- 和谁一起去？（需要时可以在流程图上加上陪同前往的老师或家长的照片）
- 如何去，如何回来？
- 活动内容和过程——做什么？
- 回来以后做什么？
- 为什么做？（针对认知能力较好的孤独症谱系障碍儿童）
- 注意事项，特别需要向汉斯说明的事情。

购物、做饭活动表

汉斯每周有一次购物和烹饪课，目的是训练他在视觉活动表的帮助下，在商店购买食材和做一些简单饭菜的能力。我们选择了汉斯喜欢吃的鸡蛋煎饼。下面就以做鸡蛋煎饼为例，详细介绍一下视觉活动表在现实中的应用。

图12-5 午餐流程图

图12-6 去公园流程图

购物、做饭活动表由一系列视觉活动表构成，其中包括：鸡蛋煎饼所需食材一览表、购物清单、购物流程图、所需厨具一览表、鸡蛋煎饼操作流程图。

鸡蛋煎饼所需食材一览表和购物清单

汉斯需要在鸡蛋煎饼所需食材一览表的帮助下，查看学校厨房是否有做鸡蛋煎饼所需的食材，没有的食材要去商店购买。这一步骤的目的之一是让汉斯建立起需求和购物之间的联系。

操作流程：通过移动鸡蛋煎饼所需食材一览表上的箭头，对照和排查厨房里的现有食材，以确定是否有购买需要。如果厨房没有某种食材，汉斯需要把代表所缺食材的图片移到右边的购物清单上。在排查所需食材时，汉斯需要把拿出来的食材放在固定地点。

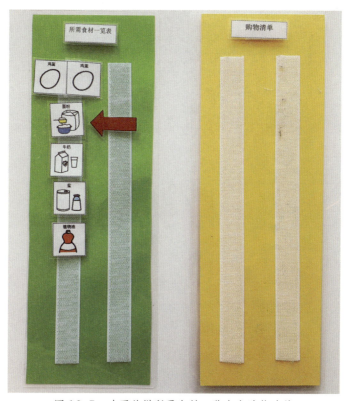

图 12-7 鸡蛋煎饼所需食材一览表和购物清单

注意：

- 厨房里所有的食材要有固定的放置地点。如果孩子找不到，可以在放置这些食材的地方贴视觉标注。
- 如果孩子需要购物练习，家长或老师可以把一种或一些食材藏起来。
- 可以先从购买一种食材开始，然后再慢慢增加购买的品种和数量。

购物流程图和购物清单

购物时，老师携带购物流程图和购物清单。变换活动时，老师把购物流程图拿到汉斯面前，边移动箭头边告诉他活动内容。到商店后，老师把购物清单递给汉斯。

操作流程：汉斯找到箭头所指食材，放入购物筐，然后自己移动箭头，直到找全所有食材。老师提供必要的辅助。

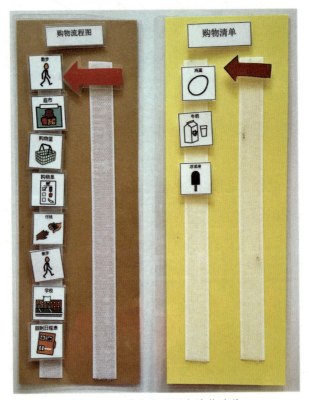

图 12-8 购物流程图和购物清单

注意：

- 为了训练孩子排队、付款的能力，也为了"诱惑"他完成购物行为，可以对孩子实施购物奖励。实施奖励时要变换强化物，避免他形成刻板的思维模式。
- 随着孩子能力的提高，逐步撤掉流程图上孩子可以独立完成的步骤的图片。

所需厨具一览表

操作流程： 汉斯移动所需厨具一览表上的箭头，从橱柜和抽屉里拿出箭头所指厨具（如图 12-10 所示）。

注意：

- 做饭前，把所需食材和厨具都拿出来是一个很好的常规。训练孩子把厨具直接放到位，如把平底锅直接放到炉灶上。

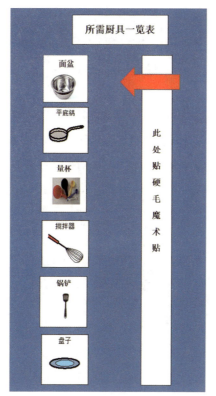

图 12-9 所需厨具一览表

- 为了让孩子清楚地知道厨具所放的位置，可以在橱柜和抽屉上做视觉标注。
- 如果拿出餐具对孩子来说难度过大，老师或家长也可以把所需厨具放在一个塑料筐或收纳盒里，然后在做饭前拿出来就可以了。

图 12-10 执行所需厨具一览表

小贴士

瑞典标准化量杯

在瑞典，烘焙和制作面食的食谱通常不是以克、毫升做计量单位，而是使用不同规格的标准化量杯。使用标准化量杯操作既简单又方便，非常适合有智力障碍的孤独症谱系障碍儿童。这是因为对大多数中重度以上孤独症谱系障碍儿童来说，"大概""差不多"是非常难懂和不确切的字眼，而使用秤对于他们当中的很多人来说又有非常大的难度。

以上是瑞典的标准化量杯，共有五个，分别是：

红色：1 dl － 1 分升，100 毫升

黑色：½ dl － 半分升，50 毫升

黄色：1 matsked（一饭匙）－ 15 毫升

蓝色：1 tesked（一茶匙）－ 5 毫升

白色：1 Kryddmått（一调料匙）－ 1 毫升

备注：

1. 量杯的颜色不是标准化的，使用颜色是为了便于孩子区别量杯的不同规格。

2. 瑞典的标准化量杯在中国的宜家商店有售，也可以在宜家的网站上购买。

鸡蛋煎饼操作流程图

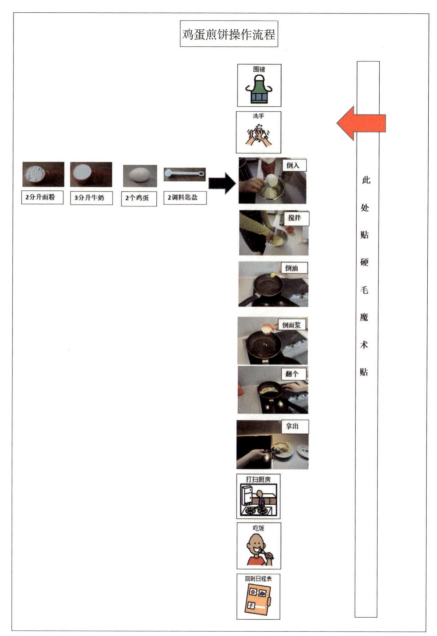

图 12-11 鸡蛋煎饼操作流程图

鸡蛋煎饼操作流程图展现了做鸡蛋煎饼的整个操作流程，在汉斯出现活动转换困难和精力不集中的时候提供视觉支持。

注意：

- 为了保持活动的连续性，开始训练时最好由老师或家长移动箭头。

- 训练孩子养成出现步骤转换困惑时寻求流程图帮助的习惯。

- 如果流程图图片太多，对孩子造成干扰，也可以用白纸盖住未进行的活动，只留下当前正在进行的活动。

- 不同容量的量杯可以采用不同的颜色，并在流程图中显示出来。

- 也可以把图 12-11 鸡蛋煎饼操作流程图做成三个流程图：做鸡蛋煎饼面浆流程图、煎鸡蛋煎饼流程图，以及从系围裙到回到中转站整个过程的流程图，其中前面提到的两个流程作为整个流程图的两个步骤。这样做的好处是分步骤训练，目标清晰，缺点是孩子看不到整个制作流程，且容易在活动的转换方面出现困惑。

任务分析

为什么要进行任务分析？

- 在学校或机构，通常有几个老师负责同一个学生的情况，任务分析可以使大家尽可能采取相同的工作方法和步骤，避免由于工作方法不同给学生带来困惑。

- 明确学生在什么地方需要帮助，需要什么形式的帮助。

- 为学生进行技能评估提供一个可以比较的参数。

如何进行任务分析？

- 工作小组里的一个老师做这个活动，其他老师写下做这个活动的步骤，然后共同确定活动规范。

- 根据活动规范，结合帮助形式，做出任务分析一览表。可以多复印一些，方便以后填写。

- 汉斯做这个活动，小组里的一个老师辅导他，另外一个老师在任务分析一览表中填写帮助形式。

- 评估和改进。

辅助形式

根据孤独症谱系障碍人士对辅助的依赖程度，辅助形式从高到低依次是：成人操作、肢体辅助（手把手帮助）、手势（用手指）、示范、口头帮助和独立完成。

任务分析方法的不足

任务分析只展示了学生每个步骤任务完成的情况，而忽略了学生在活动转换方面可能出现的问题。这一点需要在进行任务分析时特别地加以说明。

任务分析表

表 12-1 是汉斯做鸡蛋煎饼时对他进行的一次任务分析。

制作情况分析

存在的问题：从鸡蛋煎饼任务分析表中，我们可以看到汉斯最需要帮助的地方是开炉灶，舀出适量的面粉、盐，以及倒出适量的牛奶。另外，在做饭的过程中，汉斯经常会出现突然沉浸在自己的世界里，自言自语，而忘记了平底锅里的煎饼的现象。

问题分析：出于安全的考虑，我们没有教汉斯开炉灶。不能舀或倒出适量食材，是因为汉斯没有数量的概念，也不知道如何正确地使用标准化量杯（不是舀多就是舀少）。至于汉斯做饭时出现的"溜号"现象，是他障碍的一部分，除了老师现在也在做的把他叫回来之外，似乎没有根本的解决办法。

解决方案：

- 针对不能倒出或舀出适量食材，出于对整个活动流程和汉斯具体情况的考量，老师要事先量好每一种食材，分别装入不同颜色的碗中，由汉斯将食材倒入面盆中。
- 对于汉斯做饭过程中出现的"溜号"现象，老师需要指着他应该做的步骤把他叫回来。如果他仍沉浸在自己的世界里，老师需要亲自上阵。

表 12–1　鸡蛋煎饼任务分析表

姓名：汉斯

任务：制作鸡蛋煎饼

时间：2016 年 4 月 18 日

辅助行式：成年人操作、肢体辅助（手把手帮助）、手势（用手指）、示范、口头帮助和独立完成

	成年人操作	手把手	手势	示范	口头帮助	独立完成
从面袋中舀出 1 分升杯面粉		×				
倒入面盆中						×
再舀 1 分升杯					×	
牛奶倒入分升杯中		×				
倒入面盆中						×
再倒 2 分升杯					×	
从盐罐中取出 1 调料匙盐		×				
倒入面盆中						×
再取 1 调料匙					×	
打鸡蛋						×
把鸡蛋壳扔到垃圾桶里						×
开炉灶	×					
开抽油烟机					×	
用饭匙舀油倒入锅中						×
用半分升杯舀面浆倒入锅中						×
看是否需要翻个					×	
翻个						×
看是否烙好了					×	
用铲子从锅里拿出来放到盘子上						×

给老师和家长的一些建议

从重要步骤开始逐渐增加训练内容

购物、做饭活动表由五个独立的视觉活动表构成。由于包含的活动内容较多，对初学者和中重度以上的孤独症谱系障碍孩子来说，同时学习整个活动难度过大。建议孩子刚开始只做一个或几个重要步骤，随着孩子能力的提高，再增加其他的训练内容。以购物、做饭活动表为例，一开始孩子只在家长的帮助下完成 6 个步骤：系围裙——洗手——倒入面糊——翻面——取出——吃，其余的由家长准备和完成。

图 12-12　事先量好并放入容器中的食材

从容易制作的食物到不容易制作的食物

我们可以从孩子喜欢吃的、容易制作的食物开始，慢慢过渡到耗时长、不容易制作的食物。如果孩子做鸡蛋煎饼的难度过大，可以先从孩子喜欢的，一冲就饮，或稍微加工就能食用的饮品和食品入手，如冲芝麻糊、煮速冻饺子。这样做的好处是，孩子不需要等待很长时间就能吃到食品，同时也能看到食品从制作到食用的整个过程。随着孩子能力的提高，再做耗费时间长的食品。

独立性的培养和适当的辅助

如果可能的话，让孩子尽可能独立地完成整个操作流程，这样可以避免由于辅助过多而造成的习得性无助。但在训练初期，孩子又离不开辅助，了解孩子究竟在哪些方面需要辅助，需要多大程度的辅助，以及如何渐褪辅助，需要老师或家长在对孩子充分观察和了解的情况下进行任务分析。

标准化和简单化

标准化配方、标准化量杯和标准化流程使整个制作过程和结果趋于标准化。标准化的工作方法可以使孤独症谱系障碍儿童在重复同一个操作后找到规律，进而独立地完成整个操作流程。同时，视觉活动表、视觉标注和标准化量杯等也在很大程度上减轻了孤独症谱系障碍儿童的工作难度，而我们的工作就是要不断地想办法降低他们的工作难度。例如，以前汉斯直接用油瓶往平底锅里倒油，往往倒多，于是我们就把油倒入碗中，让他用标准化汤匙舀，这样就解决了倒油多的问题。我们也要尽量选择和训练他们使用简单、方便的厨具，例如，电炉灶优于煤气灶，有数字的炉灶优于没有数字的炉灶，电热水壶优于普通烧水壶等。

好习惯的养成

训练孩子养成做饭前系围裙和洗手、做饭后打扫厨房的好习惯。学校厨房是公用厨房，要求学生在使用后一定要打扫干净，但如果家长和孩子在家做，也可以把打扫厨房放在吃完饭后。

孩子达不到老师和家长的期待怎么办

尽管有视觉活动表、标准化量杯以及反复的练习，但仍然有很多孤独症谱系障碍儿童，尤其是重度、极重度孤独症谱系障碍儿童只能在老师手把手地帮助下做一些非常简单的操作。即便如此，家长或老师也要尽可能给他们提供参与这些活动的机会，因为这些经历对于他们未来的发展非常重要。

适合极重度孤独症谱系障碍儿童在校使用的视觉活动表

阿兰基本情况介绍

阿兰是一个 16 岁的男孩，有孤独症谱系障碍和极重度智力障碍。阿兰 13 岁时，机构对他如下发展指标进行了测评，结果如表 12-2。

从阿兰发育水平表可以看出，阿兰的所有指标，包括粗大运动、精细运动、沟通、社交、认知能力、感知和个人生活技能都处在 2 岁或 2 岁以下水平。

表 12-2　阿兰发育水平表

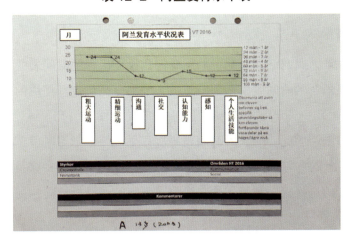

运动能力：阿兰走路不稳，身体运动机能较差；手工精细能力差，抓握困难，需要大一些的图片。

沟通：阿兰没有口语表达能力，但能通过少量的肢体语言、手势和图片表达一些意愿。能与外界沟通对阿兰来说意义重大，因此，在学校，阿兰使用视觉沟通符号制作的可视化作息时间表和选择板。目前，阿兰正在学校和家里学习使用平板电脑上的一个沟通软件。

社交：阿兰习惯成年人的陪伴，知道有需要时寻求成年人的帮助，对学校里的其他学生不感兴趣。

认知能力：阿兰的认知能力有限，智力仅相当于普通儿童1岁半的水平。能在很大程度上完成登记式时间表和选择板的操作流程。阿兰缺乏时间概念，在等待方面有困难。阿兰有记忆功能障碍，在进行一些非日常活动和校外活动时需要视觉活动表的支持

兴趣爱好：阿兰喜欢看迪士尼动画片、在沙坑里用手筛沙子、坐电梯和游泳。阿兰一天的大部分时间在看短片中度过。

个人生活自理能力：阿兰的个人生活完全依赖别人的照料，不能自主大小便，使用尿布。

行为问题：当阿兰不能表达或者外界不能满足他的意愿时，他就会变得非常生气和难过，甚至引发自伤和伤人行为。

阿兰的可视化作息时间表

时间表说明

在第九章，我们已经介绍了采用登记式操作流程的时间表的制作、存放和更换等。阿兰的时间表由两部分组成，一部分是供老师使用的时间表（参考图9-16），另一部分是供阿兰使用的时间表（见图12-14）。阿兰的认知能力和忍耐力有限，因此，阿兰的时间表每次只呈现一个学习时段（两张课表图片）。这两张课表图片通常一张是学习、手工或拼图，另外一张是选择。选择有与之配套的选择板。基于图片交换沟通系统的选择板给阿兰提供了选择自己喜欢的活动的机会。

操作流程

下面分步骤详细介绍一下登记式时间表的操作流程。

（1）在门厅，阿兰在老师的帮助下脱下外套和鞋，挂好衣服，放好鞋。老师递给他提示卡，阿兰走向中转站。

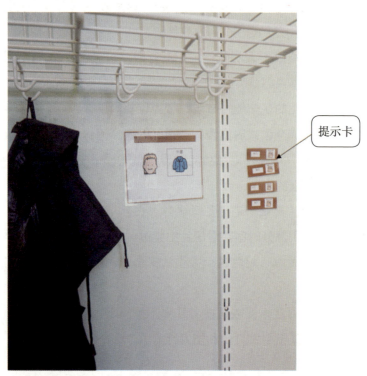

提示卡

图 12-13　贴在阿兰挂衣服处的视觉标注和提示卡

（2）阿兰来到中转站，把提示卡放入图 12-14 所示的塑料篮中，然后拿下时间表上最上面的课表图片，图片显示一对一教学。

图 12-14　供阿兰使用的时间表和选择板

（3）阿兰拿着课表图片，来到一对一教学活动地点，把手中的课表图片贴在墙上一对一教学图片的下面。阿兰坐下来在老师的指导下学习（如图 12-15）。

图 12-15　阿兰一对一教学活动地点

（4）一对一教学活动完成后，老师递给他提示卡。阿兰回到中转站，把提示卡放入塑料篮中，看时间表，下一个活动是选择（如图 12-16）。

图 12-16　阿兰进行一对一教学后时间表和选择板的状态

（5）阿兰把课表图片"选择"拿下，放入图 12-17 中的塑料篮内，然后从右边选择板上拿下平板电脑图片，贴在下边的魔术贴上。阿兰走向平板电脑选择板（见图 12-18），通过用手点击的方式选择他想看的电脑短片。

图 12-17　阿兰选择平板电脑后时间表和选择板的状态

图 12-17 中，平板电脑左边的图片是"我想要"，和后面的平板电脑图片构成了完整的一句话"我想要平板电脑"。

在阿兰选择活动时，老师通常和阿兰有以下"对话"：

老师："阿兰，你要什么？"阿兰选择平板电脑。

老师："阿兰要平板电脑。"

在阿兰看平板电脑短片时，老师把课表图片一对一教学和选择放回供老师使用的时间表中，并从中拿出阿兰下一学习时段的课表图片，贴在供阿兰使用的时间表上。

以此类推，直到完成供老师使用的时间表上的所有活动。

其他视觉支持工具

阿兰平板电脑选择板

阿兰一天的大部分时间都在看平板电脑和手机里的短片中度过，因此，能帮助阿兰找到他想看的短片对阿兰生活质量的提高具有重要的意义。当阿兰没有办法表达他想看的短片，而周围的人又不明白他想看什么时，他常常会出现情绪问题，甚至出现自伤和伤人行为。阿兰没有口语表达能力，为了能清楚地知道他想看什么，我们做了阿兰平板电脑选择板。

阿兰通过用手点击图片，告诉老师他想看的短片。

图12-18　阿兰平板电脑选择板

为了使阿兰的老师很快找到短片，每个图片的下面都标注了短片的名字以便搜寻关键词。

阿兰就餐选择图片

阿兰通过就餐选择图片选择他想吃的食物。

图12-19　阿兰就餐选择图片（饭、脆饼干、牛奶、水）

这其实是一个非常简单的图片交换沟通系统。勺子代表的意义是"我还想要饭"。

操作流程：阿兰拿起代表他想吃（喝）的东西的图片，放到老师的手中，老师立即满足他的要求。老师要及时拿走阿兰不能选的图片。

就餐辅助工具

阿兰手部的抓握能力较差，吃饭时需要使用以下就餐辅助工具：盘托和防滑垫。

 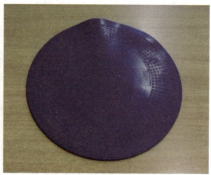

图 12-20　盘托（左）防滑垫（右）

注意：

- 盘托不但使吃饭变得很方便，同时还有取食时阻隔食物掉到盘子以外的作用。使用盘托时最好使用深底的盘子。
- 放在盘子底部的防滑垫有防止取食时盘子滑动的作用。

散步流程图

尽管阿兰每周至少要在老师的陪伴下散步一次，但每次散步之前阿兰仍然非常焦虑和困惑，不知道要做什么。老师做了散步流程图，让阿兰拿在手里，极大地缓解了阿兰的焦虑情绪。

等待图——轮到谁啦？

阿兰没有时间的概念，在排队等需要等待的活动上有困难。图 12-22 的等待图可以非常清楚地显示什么时候轮到阿兰。

图 12-21　散步流程图

图 12-22　等待图的正面（左）和反面（右）

操作流程：轮到其他学生跳蹦床时，把等待的图片或其他孩子的图片贴到"轮到谁啦？"下方的魔术贴上。轮到阿兰时，就用阿兰的照片替换，边替换边说："阿兰，轮到你了。"

注意：

- 可以同时用可视计时器控制时间。
- 这个等待图也可以用在滑滑梯、玩扑克、下跳棋等需要轮流的游戏或活动上。
- 暂时不用的照片或图片可以贴在等待图的背面。

穿、脱衣流程图

冬天，阿兰在穿、脱衣的时候，常常会发生顺序颠倒的情况，如先戴手套后穿棉衣。穿、脱衣流程图清楚地显示了阿兰需要穿、脱的衣物和顺序。

图 12-23　穿、脱衣流程图

操作流程: 老师一边指着流程图上的图片,一边说动作,如穿外套、戴帽子,同时给予阿兰肢体辅助。

适合孤独症谱系障碍儿童在家使用的视觉活动表

可视化作息时间表

图 12-24 的时间表展示了从晚饭后到睡觉前可以进行的一些活动。为配合时间表我们设计了两个选择板,绿色的是成人陪伴,是家长和孩子的亲子活动时间,蓝色的是无成人陪伴,也就是孩子的自由活动时间。

图 12-24 可视化作息时间表和与之配套的选择板

为了防止孤独症谱系障碍儿童刻板的思维和行为,培养他们的灵活性,不要每天使用活动内容相同的时间表。图 12-24 中,除了淋浴后一系列活动可以不变外,其他活动内容需要多样化,或者活动顺序稍微做些变化。

洗手流程图

操作流程: 家长一边用手指图片,一边说图片上的文字,必要时提供辅助,并逐渐减少肢体辅助和口头提示。一个步骤完成后,家长移动珠子。

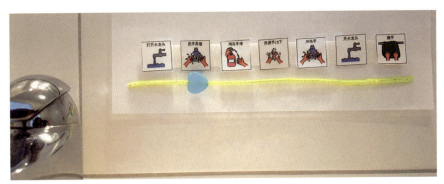

图 12-25 洗手流程图

注意：

- 如果难度过大，可以减少图片的数量，也就是说让孩子做最重要的步骤，如洗手、擦手，其余的由家长做。然后，再慢慢增加图片的数量。
- 如果孩子不知道如何洗手，可以教孩子分解动作，如两手心互搓 5 下，右手心搓左手背 5 下，左手心搓右手背 5 下。如果需要可以另作分解流程图。
- 家里所有的人要尽可能采取相同的方法。

洗手流程图

图 12-26 洗手流程图（清晰版）

刷牙流程图

图 12-27 刷牙流程图

流程和注意事项同上。

刷牙流程图

图 12-28　刷牙流程图（清晰版）

如厕流程图

图 12-29 是安安的一个较为详细的如厕流程图。右边的文字是老师帮助安安的工作指南。工作指南可以使安安的所有老师尽可能采用相同的工作方法，同时也有助于对安安的如厕情况进行任务分析。此流程图也可以供家长在家使用。

就医流程图

图 12-30 是一个较为详细的就医流程图。其优点是可以根据活动的需要拿掉和添加图片，非常灵活，适合经常进行的或活动内容和顺序稍有变动的活动。也可以在办公软件里做好，然后以适当的方式展示给孩子，如打印、拍照等（见图 12-30）。

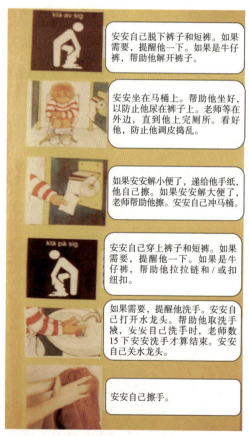

图 12-29　如厕流程图

看电影流程图

这类视觉流程图非常适合孩子不常进行的一些活动，当然，活动内容和顺序的变动也可以在电脑中进行修改。

操作流程：可以采取一个活动完成后，用笔划掉代表该活动的图片，或者活动完成后，把代表这个活动的图片向后折的方式。

图 12-30　就医流程图

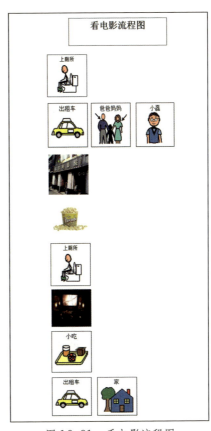

图 12-31　看电影流程图

总结

本书介绍了结构化教学的具体内容和要素。结构化教学在采用结构化工作原理的基础上，结合视觉支持完成了两个互为补充的干预内容。一是通过结构化的教学形式、学习材料，以及美学、体育等课程教授孤独症谱系障碍儿童新知识、新技能和新行为，以提高他们的认知能力，帮助他们适应社会；二是通过改变环境、构建活动流程以及制作可视化作息时间表、流程图等，减轻他们的生活负担，从而提高他们的生活质量。越是低功能的孤独症谱系障碍儿童，就越需要后者，也就越需要我们的配合、妥协和耐心。

从汉斯和阿兰的两个案例中,我们可以看到,老师和家长在通过结构化教学的两种桌面教学形式、烹饪流程图、购物流程图和等待图等教授他们新知识、新技能和新行为的同时,也有针对性地制作和使用了大量的视觉活动表和可视化计时器、托盘等辅助工具,以弥补他们功能的不足。

结构化教学实施的唯一依据是孤独症谱系障碍儿童的需要。在大多数情况下,这些帮助措施不是我们事先设计好的,而是基于孤独症谱系障碍儿童的需要创造出来的。汉斯虽然有很好的口语沟通能力,但在进行室内外活动选择,参加郊游等校外活动,以及做饭、购物等有一系列步骤的活动方面仍有困难。因此,我们做了一些视觉活动表以帮助汉斯尽可能独立地完成这些活动。

阿兰智力水平较低,无口语表达能力,且有严重的行为问题。因此,教学的重点是通过选择板帮助阿兰发展与外界的沟通能力,以及通过视觉活动表向阿兰提供信息,让他了解我们的期待。

制作可在家实施的视觉活动表的主要目的是提高孩子的居家生活自理能力,以及看病、看电影等参加社会活动方面的能力。家长可以参照这些视觉活动表和辅助工具,并根据孩子的具体情况做些细节方面的改变。

在本书的最后,想提醒大家的是:结构化教学如果运用不当,也会有被滥用的危险,如让孤独症谱系障碍儿童机械地执行可视化作息时间表,反反复复地做相同的练习,而忘记了他们做这些活动的目的和动机,忘记了他们需要适当的挑战,忘记了他们需要有与其能力相匹配的视觉支持工具和教学材料。

真正的结构化教学不仅仅是老师或家长和孩子顺利度过一天的工具,也是不断地调整和评估,帮助孤独症谱系障碍儿童过有质量、有尊严的生活的手段和方法。在这个过程中,孩子需要得到周围人的理解、尊重和辅助,同时也需要周围人的督促和提醒。

参考文献

Andersson, Birgitta. *Bygga upp ett erfarenhetsbibliotek genom sociala berättelser och seriesamtal: ett pedagogiskt arbetssätt för barn/elever/personer med neuropsykiatriska problem som Autism, Aspergers syndrom, Tourettes synrom, DAMP, AD/HD* [M]. Ängelholm. Birgitta Andersson AB, 2000.

Sjölund, Anna., Jahn, Cajsa., Lindgren Ann&Reuterswärd, Malin. *Autism och ADHD i skolan: handbok i tydliggörande pedagogik* [M]. Stockholm. Natur& kultur, 2017.

Aspeflo, Ulrika. *Aspeflo om autism* [M]. Enskededalen. Pavus Utbildning AB, 2010.

Bogdashina, Olga. *Sinnesintryck och omvärldsuppfattning vid autism och Aspergers syndrom* [M]. Stockholm.Autism-och Aspergerförbundet, 2012.

Dahlgren, SvenOlof. *Varför stannar bussen när jag inte ska gå av?* [M]. Malmö. Liber AB, 2007.

De Clercq, Hilde. *Autism från insidan—en handbok* [M]. Kungsängen. Intermedia Books AB, 2005.

Gerland, Gunilla. *En riktig människa*[M]. Lund . Studentlitteratur AB, 2010.

Gillberg, Christopher. &Peeters, Theo. *Autism-Medicinska och pedagogiska aspekter* [M]. Stockholm. CuraBokförlagoch Utbildning AB, 2001.

Hogan, Kerry. *Icke verbalt tänkande, kommunikation, imitation och lekfärdigheter ur ett utvecklingsperspektiv med några saker att tänka på* [J]. Stockholm. Riksföreningen Autism, 2000.

Kutscher, L. Martin. *Barn med överlappande diagnoser, ADHD, inlärnings-svårigheter, Asperger, Tourette, bipolär sjukdom med flera* [M]. Stockholm. Naturoch Kultur, 2010.

Larsson-Swärd, Gunnel. *Åtgärdsprogramför barn med behov av särskiltstöd* [M]. Lund. Studentlitteratur, 1995.

Mesibov, Gary B. *Strukturerad undervisningenligt TEACCH-programmet* [J]. Stockholm. Riksförening Autism, 1995.

Mesibov, Gary B. *TEACCH-modellen: ett allsidigt program för personer med autism och deras familjer* [J]. Stockholm. Riksförening Autism, 1993.

Olsson, Britt-Inger. & Olsson, Kurt. *Människor i behov av stöd* [M]. Solna. Liber AB, 2010.

Saintsbury, Clare. *Utomjording på skolgården: att förstå eleven med Aspergers syndrom*[M]. Bromma. MH PedagogisktPerspektiv AB, 2012.

Tranquist, Helene. *Vad är TEACCH?* [J]. Stockholm. Pedagogiskt Perspektiv AB, 2006.

Wallenkrans, Pia.*Träna dina sinnen* [M]. Göteborg. Warna Förlag, 1997.

Wing, Lorna. *Autismspektrum: handbok för föräldrar och professionella* [M]. Lund. Studentlitteratur AB, 2001.

天宝·格兰丁.我心看世界——天宝解析孤独症谱系障碍（最新修订版）[M].燕原,译.北京：华夏出版社，2018.

加里·麦西博夫等.孤独症谱系障碍学生课程融洽：应用 TEACCH 助力融合教育（第 2 版）[M].于松梅.曾刚,译.北京：华夏出版社，2019.

加里·麦西博夫等.孤独症和相关沟通障碍儿童治疗与教育 [M].秋爸爸,译.北京：华夏出版社，2014.

洛娜·温.孤独症谱系障碍——家长及专业人员指南 [M].孙敦科,译.北京：华夏出版社，2013.

附录：术语表

底图：带有魔术贴的塑封纸，用来制作可视化作息时间表或学习材料。

泛化能力：指把某个情境下学会的技能或行为应用到另外一个场合，或通过触类旁通学会另外一个技能。

感知觉：人们通过感觉器官获取感觉刺激，然后经过大脑分析和经验判断，获取外部信息的过程。

感知觉障碍：人们通过听觉、视觉、触觉、味觉和嗅觉等感觉器官接收感觉刺激时出现的感觉敏感或者迟钝现象。

一对一形式教学：有别于结构化教学两种桌面教学形式之一的一对一教学，本书的一对一形式教学指的是在瑞典训练学校常见的一名老师每次只负责一名学生的教学形式。

课表图片：可视化作息时间表上代表活动的实物、照片、手绘图、图片、视觉沟通符号或文字。一个课表图片代表一个活动。

课表图片文件夹：保存课表图片的文件夹。

课表图片的回收：老师把学生在执行登记式操作流程过程中散落在配对卡上的课表图片收回。

课表图片的重置：老师在学生学习结束后，把回收的课表图片按照可视化作息时间表复印件的顺序放回可视化作息时间表文件夹中，供下周同一时间使用。（通常用于登记式和放入式时间表）

可视化作息时间表：结构化教学的核心，它视觉化地展示了一个班级或一个孤独症谱系障碍儿童一段时间内的活动内容和顺序。

可视化作息时间表文件夹：放置可视化作息时间表的文件夹。

空间知觉（space perception）：是人对客观世界物体的空间关系的认识。

它包括形状知觉、大小知觉、深度知觉与距离知觉、方位知觉与空间定向等。

漫游自由权（Freedom to roam）：指公众可以不经许可就进入并暂时使用私人领地进行休闲娱乐和运动的权利，包括登山、露营、采集植物等。漫游自由权同时也对进入和使用者的行为提出了要求。此概念现在主要存在于北欧地区，包括瑞典、丹麦、挪威等国家。

配对卡：贴在活动地点，带有图片和魔术贴的塑封纸。学生在执行登记式操作流程过程中，从可视化作息时间表上拿下课表图片，然后来到活动地点和配对卡上的图片配对。登记式操作流程需要每个活动项目都有相应的配对卡。配对卡有多种表现形式。

输出学校和接收学校：在瑞典，政府拥有涵盖从幼儿园到高中的孤独症教育体系。输出学校指的是学生毕业或离开的学校，接收学校指的是学生即将就读的学校。例如，一个孤独症谱系障碍儿童从幼儿园毕业进入孤独症训练学校上学。那么，幼儿园就叫作输出学校，而孤独症训练学校则被称作接收学校。

身体意象（body image）：指个体对自己的相貌、体格和体能等的认识和评价。身体意象随着人的年龄的不同呈现不同的特点，同时也受传统、文化和他人的影响。

时间知觉（time perception）：是我们知觉到客观事物和事件的连续性和顺序性。

视觉沟通符号：国家某些权威机构或者商业公司开发的图片沟通符号，是图画形式的文字。

视觉支持：用实物、照片、图片和视觉沟通符号等视觉方式提供的信息。视觉支持是结构化教学重要的教学方法，也是美国国家孤独症中心（NAC）推荐的有实证依据的干预方法（EBP）之一。

手语：是一种扩大与替代沟通（Augmentative and Alternative Communication, AAC）方式。以手部做出的各种动作传达信息、表达思想，通常和口语配合使用。手语可以增强语言障碍人士的理解能力，也可以作为无口语人士的替代沟通方式。在瑞典，有专门供智力障碍人士使用的手语。

交互式电子板：是一种有触摸屏的多功能教学工具，在瑞典孤独症训练学校被广泛使用。

提示卡：带有学生照片或名字的彩色塑封卡片，具有帮助孤独症谱系障碍儿童回到中转站的功能。

图片时间表：用图片或视觉沟通符号代替文字时间表上的文字做成的时间表。图片时间表一般仅供老师重置学生登记式和放入式时间表课表图片时使用，并不呈现给学生。

物体恒存性（object permanence）：是指即使物体没有被感官所察觉，这些物体仍然存在。

心智理论：指明白他人想法和感觉的能力。一个心智理论正常的人，能够理解自己和别人有不同的想法、感觉，可以对一个人的反应做出分析，也可以想象别人对自己行为的看法。心智理论的缺失使孤独症谱系障碍人士不能从自己的角度出发看别人，也不能从别人的角度看自己，用通俗的话说就是感同身受和换位思考的能力差。又译为"心理理论""心灵论"。

文字时间表：特殊教育老师根据瑞典《训练学校教学大纲》，以及每个学生的具体情况、教学目标和实用性、兴趣爱好、每个活动需要的时间等因素为每个学生做出的个性化文字课表。

学习时段：通常指围绕一对一教学、独立学习、手工课等比较费脑和学生通常不太喜欢的活动组成的一组活动。一个学习时段通常从以上提到的这些活动开始，然后是一些较为轻松的活动，如成年人读书、弹电子琴、玩橡皮泥、游戏，最后以学生喜欢的活动、休息或者选择结束。

中转卡：是指学生在执行结构化的任务 / 活动流程过程中随身携带，用于放置配对图片、提示卡，帮助学生找到活动地点的塑封纸条。

中转站：放置可视化作息时间表的地方，是一个活动的起点和终点，也可以放置周课表、文字时间表等。